涵盖课程全部知识点
课堂与课外知识融会贯通
COMPREHENSIVE KNOWLEDGE POINTS

全国高等院校艺术设计类专业
新时代规划系列教材

公共艺术（第2版）

THE PUBLIC ART DESIGN (2ND EDITION)

■ 王 艳 编著

理论知识深入解析
分点描述 措辞言简意赅
IN-DEPTH AND DETAILED THEORETICAL KNOWLEDGE

强化培养学生动手能力
注重培养学生的操作技能
FOCUS ON DESIGN PRACTICE AND OPERATION

武汉理工大学出版社
WUHAN UNIVERSITY OF TECHNOLOGY PRESS

图书在版编目（CIP）数据

公共艺术 / 王艳编著．—2 版．—武汉：武汉理工大学出版社，2020.5
ISBN 978-7-5629-6234-2

Ⅰ．①公…　Ⅱ．①王…　Ⅲ．①艺术—设计—研究　Ⅳ．①J06

中国版本图书馆 CIP 数据核字（2020）第 075813 号

项目负责人：张青敏　　杨　涛
责 任 编 辑：刘　凯
责 任 校 对：余士龙
装 帧 设 计：张　禹
排　　　版：武汉艺欣纸语文化传播有限公司
出 版 发 行：武汉理工大学出版社
社　　　址：武汉市洪山区珞狮路 122 号
邮　　　编：430070
网　　　址：http://www.wutp.com.cn
经　　　销：各地新华书店
印　　　刷：武汉精一佳印刷有限公司
开　　　本：880×1230　1/16
印　　　张：7
字　　　数：193 千字
版　　　次：2020 年 5 月第 2 版
印　　　次：2020 年 5 月第 1 次印刷
定　　　价：52.00 元

前 言

公共艺术是一座城市的标志，它集中体现了城市的历史、文化和艺术发展的轨迹。如果缺少了公共艺术，那么这座城市就很难让人们对它产生深刻的印象。无论是在历史悠久的欧洲城市，还是在历史短暂的北美城市，真正能吸引游客流连忘返的恰恰是具有震撼力、吸引力的公共艺术。人们向往这些城市实际上是源于城市公共艺术的巨大魅力。

公共艺术极其重视与环境的关系，对其深刻的诠释实际上是强调与自然、环境、场所的和谐，体现人类社会的可持续发展观。对公共艺术的研究不可能单纯对其自身展开，还必须延伸到景观设计、建筑设计、城市规划、艺术等领域。这不仅可以拓展研究的视野，而且有利于人们生活环境的美化，生活质量的提升。

当我们审视世界各国公共艺术的发展时，就会发现公共艺术的发展具有不平衡性，公共艺术需要强大的经济实力去支撑。公共艺术在工业发达的国家由于有巨大的财力支撑而发展迅速，而在经济非常落后的国家则很难看到高水平的公共艺术作品，由此可见经济对人们的生活环境产生的巨大影响。

在改革开放几十年后的今天，中国已成为世界第二大经济体。改革开放不仅使我们的视野开阔，而且还促进了文化和艺术的对外交流。世界各国公共艺术的风格流派和理念跨越了时空的限制进入中国。在不太长的时期中我国的高校先后开设了公共艺术专业，或是在与之相关的专业中开设公共艺术课程。作为近些年逐步发展起来的一门学科，公共艺术专业内容之丰富、范围之广泛，体现出其综合性的优势，公共艺术是一门综合性较强的艺术。

公共艺术因每个国家的文化不同表现出鲜明的文化性、历史性、风格性，但其本质上是对环境的艺术塑造，即通过对自然环境和人类生活环境进行艺术的探究，以最佳和最有创意的方案去实现城市环境的艺术效果。从系统性来讲公共艺术是基于自然科学和人文艺术科学的应用型学科，它与环境设计、建筑学、城市规划等学科有着密切的关系。因此，对于公共艺术工作者来讲，要具备合理的知识结构，能展开跨界研究，并有较高水平的创作能力、实际动手能力（包括绘制草图的能力），能运用虚拟现实技术增强现实艺术表现力。

在欧美等工业发达的国家，公共艺术的应用范围包括公共空间规划，城市规划，公园和游憩场所、度假村的规划设计，遗产保护，景观改造，商业及居住规划，甚至连交通规划都与公共艺术息息相关。

随着世界经济发展格局的改变，中国城市化进程正以崭新的面貌让世界瞩目。在未来，中国的人口将会向城市加速转移，而城市的发展使人们期待拥有更美好的居住环境和工作环境，这对公共艺术工作者来讲，是极大的机遇与挑战。

为满足课程教学的需要，促进公共艺术专业的发展，编者根据多年的教学经验，以教材适合本科生教学为宗旨，体现公共艺术教学的理论性、直观性、形象性，注重教学内容与结构的内在关联性，注重知识节点的合理性，特别注重案例对理论的支撑。本书首先论述了公共艺术的起源和历史沿革。其次，论述了公共艺术的特征、作用及分类。最后，对公共艺术未来的发展方向进行了展望，分析了国内外典型的公共艺术案例，可以启迪读者产生新思维、新理念。

综上所述，本书能拓展读者的国际化视野，满足公共艺术教学的需要。由于公共艺术的历史跨度大，资料需考证，因而书中难免会出现不足之处，恳请读者提出宝贵的意见和建议。

编著者

2019年8月

目录

目录

第一章　公共艺术概述

20世纪60年代的美国产生了公共艺术的概念，20世纪90年代初“公共艺术”的概念才被正式引入我国，该概念在进入我国的初期主要是壁画、雕塑的代名词。学术界通常会把公共艺术划分为广义公共艺术和狭义公共艺术两个领域。公共艺术具有公共空间、大众参与、艺术创作三要素，其中大众参与是核心要素。对公共艺术产生影响的因素有多种，包括艺术、经济、文化、历史、环境等。公共艺术并不是简单的艺术作品，在设计中还要考虑到公共艺术所处的公共空间环境，应针对不同的公共空间进行设计。

公共艺术的发展与艺术思潮、城市文化的演变息息相关，它在社会不断发展与建构的过程中逐步形成。站在社会学角度看，公共艺术的起源可追溯至古希腊、古罗马时期。公共艺术是一门古老而年轻的艺术门类，伴随着人类文明的萌发而产生。在20世纪80至90年代中国社会转型的背景下，公共艺术作为一种新的艺术形式进入中国艺术研究领域的视野，可以说“公共艺术”是现代艺术的产物。

当代公共艺术的发展已经超越了简单的视觉形式层面的价值，它的兴盛推动了社会和城市形貌的改变。公共艺术需要走高质量、科学、平缓的路线，选择理性的发展道路。

本章重点：公共艺术的国内外发展概况。

本章难点：公共艺术的国内外发展概况。

建议课时：4课时。

第一节　公共艺术的概念

20世纪60年代的美国产生了公共艺术的概念，由美国国家艺术基金会（National Endowment for the Art，NEA）和公共服务管理局（General Services Administration）实施的“公共艺术计划”(Art in Public Place Program)，使美国公共艺术如火如荼地发展起来。我国1979年在首都机场候机楼绘制的壁画，是我国现当代对公共艺术最早的认识。20世纪90年代初“公共艺术”概念被正式引入我国，公共艺术的表现形式随着中国城市建设的飞速发展逐渐丰富起来。自21世纪以来，伴随我国综合国力的增强，公共艺术内涵及表现形式得到一定的拓展，为公共艺术的理论研究营造了突飞猛进的发展新格局。

公共艺术又被翻译成“公众艺术”，关于公共艺术的定义，有广义与狭义之分。广义的公共艺术是指在公共领域形成的艺术行为和活动；狭义的公共艺术是指摆脱了美术馆，仅考虑城市和地域特性而为公共空间服务的艺术，是将公共领域的社会性问题通过造型再现并加以说明以符合大众审美取向的视觉艺术。公共空间内设置的艺术作品，一般包括雕塑、装置、壁画等形式。

公共艺术的三要素包括公共空间、大众参与、艺术创作，其中大众参与是核心要素。公共艺术是相对于“私有艺术”而言的艺术形式，是在公共空间中反映特定社会文化价值并影响人们生活方式的一种特殊艺术形式。它具有公共性而非私密性，是可以与公众互动的艺术形式。

对公共艺术产生影响的因素众多，包括艺术、经济、文化、历史、环境等，因而，对公共艺术的理解主要基于以下几个方面：①公共空间内的艺术作品，主要包括壁画、雕塑、装置等形式；②是一种文化现象，以多媒体、网络空间、舞蹈、表演等多种多样的艺术形式展现城市文化的特色；③唤起了大众审美意识，美化城市环境，且强化城市人文精神意识；④是艺术家的公共意识和大众参与的表现。正因为公共艺术设计是以人为核心，以城市公共环境、公共传播、公共艺术装置、公共设施为创作的主要对象，所以在设计中还要考虑到公共艺术所处的公共空间，针对不同的公共空间进行设计，从而提高大众审美。

公共艺术是一座城市的思想，也是当代文化的形态。公共艺术的创新与发展离不开深刻的社会文化背景，它表达了当地的地域特征与文化价值观，体现着人们对自己城市的认同感与自豪感。在公共空间创作和设立公共艺术，是对作品所蕴含的文化价值的展示，是对人类生活品质、生活情趣和行为方式的表达。

第二节　公共艺术的国内外历史概况

公共艺术是一门古老而年轻的艺术门类，伴随着人类文明的萌发而产生。随着政治、经济的发展而壮大，18世纪出现了公共领域与公共性的概念，而此时的公共艺术无法与社会现实接轨，所以并不是真正意义上的公共艺术。到了19世纪末20世纪初，工业得到显著的发展，导致社会忽视了公共空间与人的情感的交流，这就促使公众开始研究公共艺术的价值与意义。公共空间开始重视艺术的介入，公共艺术如雨后春笋般运用于公共空间之中。此后随着艺术观念的转变，人们开始重新思考艺术与社会、人的关系，而艺术观念的转变同样也影响了公共艺术的创作方向。

一、国内公共艺术的历史沿革

中华人民共和国成立初期，公共艺术主要以室外雕塑、公共壁画的形式出现，主题则以突出政治为目的，主要以纪念性题材为主，强调历史书写、建构国家精神、增强民族凝聚力，极具公共性的教育功能。例如，人民英雄纪念碑便是此时期出现的作品（图1-1）。

公共艺术在进入我国的初期受到国家的引导，其中苏联的艺术形式占据主流。在室外雕塑中出现了一批优秀的历史人物作品，如《蔡元培胸像》、《鲁迅坐像》等。这个时期的作品以政治题材为主导，宣扬国家民族独立、纪念革命胜利（图1-2、图1-3）。

中国十大建筑的筹建推动了室外雕塑的发展，如雕塑作品《庆丰收》非常注重作品与环境空间、建筑之间的关系（图1-4、图1-5）。

图1-1　人民英雄纪念碑（1958年）

图1-2 《蔡元培胸像》 作者：刘开渠（1947年）

图1-3 《鲁迅坐像》作者：张文新（1962年）

图1-4 《庆丰收》1 作者：李仁章、杨美应、陈绳正、田金铎、张秉田（1959年）

图1-5 《庆丰收》2 作者：李仁章、杨美应、陈绳正、田金铎、张秉田（1959年）

20世纪60年代初，艺术家们开始尝试新的创作主题，思考作品与空间环境、人之间的关系，如《五羊石像》、《天鹅》等作品成为中国早期城市雕塑的缩影（图1-6、图1-7）。

刘开渠也是我国城市雕塑的奠基人，其创作的淞沪战役阵亡将士纪念碑（原名“一二八陆军第八十八师淞沪战役阵亡将士纪念塔”），碑顶树立着静穆沉着的两个官兵，一位左手握望远镜，右手指向东方，另一位手握步枪作冲锋状。作品倾向于西方写实主义，朴实中突出内在精神气质（图1-8）。

自80年代开始，中国城市雕塑开始觉醒，继而公共艺术的发展开始以雕塑为主导，以壁画为辅。

在20世纪八九十年代中国社会转型的背景下，公共艺术作为一种新的艺术形式进入了中国艺术研究的视野当中。

图1-6 《五羊石像》 作者：尹积昌、陈本宗、孔繁伟（1960年）

图1-7 《天鹅》 作者：苏晖（1961年）

图1-8 淞沪战役阵亡将士纪念碑 作者：刘开渠(1935年)

首都机场的壁画创作，在中国公共艺术发展史上具有里程碑式的意义。机场壁画于建国30周年纪念日前夕完成，足可见国家领导人对此系列作品的重视。由著名画家袁运生创作的首都机场壁画《泼水节——生命的赞歌》（图1-9）可以看作是我国当代公共艺术的开端，自此我国公共艺术走向成长期。

《哪吒闹海》（图1-10、图1-11）也是北京国际机场重要壁画之一。作品位于二楼东餐厅东墙，画稿作者张仃，绘制者张仃、申玉成、楚启恩、王晓强、李兴邦、张一民。画幅宽15米、高3.4米。作品取材于中国古典小说《封神演义》中的一段故事，全画由“哪吒出世闹海”、“斗恶龙”、“复仇”三部分组成，表现出不畏强暴、追求正义的哪吒小英雄形象。创作造型中大量使用中国传统绘画的线条语言，并加以改造，提炼出既有中国传统特色又具备现代装饰风格的独特线条艺术语言。

图1-9 《泼水节——生命的赞歌》局部 作者：袁运生（1979年）

图1-10 《哪吒闹海》局部1 作者：张仃（1979年）

图1-11 《哪吒闹海》局部2 作者：张仃（1979年）

由袁运甫先生1979年创作的首都国际机场壁画《巴山蜀水》（图1-12），描绘了长江水域中最为惊心动魄的一段景观。在崇山峻岭中，长江冲破重重险阻，在峡谷中、暗礁间激流勇进，磅礴前行。袁运甫先生把自己对于这个历经磨难，处于转折时期的国家和民族的精神意志，宣泄在《巴山蜀水》中。壁画运用中国传统山水艺术中借物喻情、托物言志的表现手法，抒发了作者对民族文化精神的深切理解，发出了解放思想的历史先声。

1979年萧惠祥女士创作的壁画作品《科学的春天》（图1-13）具有现代艺术的风格特征。壁画内容并不复杂，每个形象在形式上看都是独立的，但是却有一条看不见的线将它们串联起来，单独的形象将画面分割成不等的空间，贯穿其中的主线又将整个画面空间统一起来。

《森林之歌》（图1-14）是祝大年先生在首都机场创作的巨幅壁画，波光粼粼、光影斑驳，让人恍若置身于绿意盎然的世界里。

图1-12 《巴山蜀水》 作者：袁运甫（1979年）

图1-13 《科学的春天》局部 作者：萧惠祥（1979年）

图1-14 《森林之歌》 作者：祝大年（1979年）

张国藩1979年为首都国际机场贵宾厅设计制作了陶瓷壁画《民间舞蹈》（图1-15）。壁画中人物的塑造趋于平面，用线简洁明快，人物动作栩栩如生；舞狮的形象用线繁复，复杂的图案装饰突出民间特色。虽然处于二维的平面中，但线条疏密穿插塑造了人物的立体感，同时对块面的分割形成了独特的画面空间，起伏跌宕如同浮雕一般。

北京国际机场壁画《白蛇传》（图1-16），作者李化吉、权正环。画幅宽7米、高2米。壁画内容包括西湖相遇、盗仙草、断桥、水漫金山、小青从雷峰塔中搭救出白娘子等全部情节。作品构思大胆，造型简练，神态生动，色彩绚丽，装饰性强。

图1-15 《民间舞蹈》 作者：张国藩（1979年）

图1-16 《白蛇传》作者：李化吉、权正环（1979年）

二、国外公共艺术的历史沿革

追溯欧洲最原始的公共艺术，多数人认为是古代欧洲洞穴绘画。法国南部的洞穴绘画和英国巨大的巨石阵也是公认的早期的公共艺术。

位于伦敦附近的巨石阵历史可以追溯到四五千年前，这是一个体量庞大的艺术作品，利用大体量的效果追求视觉上的刺激。

在南美智利附近海域的复活节岛上，有百余座巨型雕像作品。至今没有人知道这些雕像的作者。然而它们的艺术风格鲜明，造型简约，体量震撼且现代感十足（图1-17）。

图1-17　智利复活节岛上的巨雕群（作者不详，年代不详）

图1-18　迈锡尼狮子门石浮雕（作者不详，年代约公元前1400年—前1300年）

图1-19　雅典卫城巴特农神殿（作者不详，年代约公元前477—前432年）

在古希腊早期的迈锡尼文明中，其城市入口处有一个三角形的浮雕拱门，这是该文明最重要的象征。两个约20吨的狮子浮雕象征着力量，向外宣誓自己强大的实力，这是古代意义最为鲜明的公共艺术作品（图1-18）。

古希腊最著名的公共艺术当属雅典卫城最高处山岗上的巴特农神殿（图1-19）。这是一座献给雅典保护神——雅典娜的神圣建筑，是希腊泛雅典娜节游行时的中心。该建筑物的结构难度非常大，堪称建筑史上的工程奇迹，其每一块石头都经过精确计算，每一块石头的位置都是特定的。

公共艺术有时非常注重情感的传播。如英国爱丁堡有一座狗的雕塑，其背后藏着一段动人故事。狗的主人去世了，狗去为它守灵，一守就是十四年，这只狗感动了整座城市的人。这只狗去世后，城市里的人为它建雕像（图1-20），现在这个雕像成为爱丁堡旅游线路上一个不可或缺的景点。由此可见，对于城市来说，公共艺术更容易塑造地方文化名片，凸显地方文化。如《熊和草莓树》也同样蕴含着自己的故事（图1-21）。

图1-20 《忠狗鲍比》（青铜）作者：安东尼奥·纳瓦罗·桑塔菲（1965年）

图1-21 《熊和草莓树》（青铜）作者：安东尼奥·纳瓦罗·桑塔菲（1965年）

城市的故事是公共艺术重要的创作源泉。在罗马随处可见母狼的雕像（图1-22），这源自罗马的一个传说，王权的篡夺者残害皇室成员，最终一头母狼救了成员中的一对孪生子，孩子长大后发誓要在母狼救他们的地方缔造一个最强大的城邦，这个城邦就是罗马。同时文学虚构的形象，也常常会成为公共艺术的重要题材。例如我们熟知的小美人鱼雕像，即源自安徒生的童话（图1-23）。

图1-22 《母狼》作者不详(1965年)

图1-23 《美人鱼》作者：爱德华·艾瑞克森(1913年)

公共艺术也经常作为国家存亡的标志，在伦敦市中心的特拉法加广场有一座纪念海军中将纳尔逊的作品——纳尔逊纪念柱（图1-24）。此作品是为纪念纳尔逊建造的，他带领英国海军获得了最为辉煌的胜利，并确定了英国海洋霸主地位。德国纳粹曾制定过一个“海豹行动计划”，即将英国人引以为豪的纳尔逊纪念柱拆卸运到柏林竖起来，以此来羞辱英国人。此时的纪念柱已不再是普通的雕像了。

巴黎的艺术品不胜枚举，其中凯旋门是巴黎重要的标志（图1-25），是为纪念奥斯特利茨战役的胜利而修建的。12条大街以凯旋门为中心，向四周辐射，气势磅礴，形似星光四射，所以，凯旋门所在广场被称为“星形广场”。1970年戴高乐将军逝世后，遂改称为戴高乐广场。

图1-24　纳尔逊纪念柱 作者：爱德华・霍奇斯・贝利（1843年）

图1-25　凯旋门 作者：让・夏格朗（1836年）

课后练习

1.熟记公共艺术的概念，了解公共艺术的发展历程。

2.撰写你对公共艺术历史沿革的直观感受，扩展学习公共艺术的视野。

3.选取经典公共艺术设计案例分析研究。

第二章 公共艺术的特征、作用与分类

随着社会物质、经济的增长，城市的兴起，公共艺术随之应运而生。公共艺术伴随着城市发展的形成、置换和再造等过程，其形态、内涵与城市文脉的成长息息相通。它由最初单一的实用性功能逐渐向与意向性结合的功能转变，通过公共艺术作品的艺术表现形式来提升城市形象、积淀文化底蕴、发展文化特色，向满足人们审美要求的方向发展。

公共艺术是环境艺术的一种艺术表现形式，以其独有的互动特质及文化内涵，向社会展示了鲜明的地域性、时代性与文化性。公共艺术服务于城市现代化的环境建设，对城市规划、发展起着重要的作用，如文娱休闲、政治宣传等。同时公共艺术是城市形式与城市意韵的重要组成，其映射出社会的文化常态和美学鉴赏。因此，在城市中的文化广场、商业步行街等公共开放空间中，公共艺术的发展方兴未艾。

本章重点：深入学习公共艺术设计类别及公共空间的壁画，雕塑，装置、装饰。

本章难点：公共艺术设计的特征。

建议课时：4课时。

第一节 公共艺术的特征

公共艺术不仅是一种外在的、视觉的艺术存在方式。从宏观上来看，它是一种文化形式，蕴含着丰富的文化精神内涵。它是社会公共领域文化艺术蓬勃发展的平台，也是政府、公众、艺术家和其他团体合作对话的重要方式。公共艺术的特征具体表现为开放性、自由性、互动性、独立性、批判性等。

一、公共艺术的开放性

公共艺术的开放性在于其艺术活动场所本身的开放性以及公众艺术审美的开放性，即公众可以与公共艺术作品交流并且提出意见和建议。无论在艺术表达还是艺术载体的选择上，都需要有开放性的艺术氛围来吸引更广泛的人群，从而实现更好的艺术效果，提升公众的审美能力。同时，因为公共艺术的开放性，所以公共艺术设计需要考虑地理环境的因素并兼顾公众的感受，最终才能传达出独特而丰富的精神价值。国际知名景观设计师彼得·沃克，是“极简主义”设计代表人物，他设计了加州大学图书馆人行道项目（图2-1、图2-2）。加州大学校园里的图书馆人行道是人行道中枢，该项目穿过学生服务大楼中央区域，终点止于盖泽尔图书馆。人行道设计应提供一切必要设施，还应有通向其他区域的道路。

图2-1 加州大学图书馆人行道设计1 作者：彼得·沃克（1995年）

图2-2 加州大学图书馆人行道设计2 作者：彼得·沃克（1995年）

设计师将这条人行道建成一个多功能的开放区域，它不仅是人行道，还是学生举行各种集会活动的场所，同时，这里还是整个校园的标志性元素。

更多的公共艺术作品为满足人们对舒适生活和美好环境的需求以各种形式在城市的公共空间涌现。自2007年以来，荷兰艺术家弗洛伦泰因·霍夫曼创造了一系列“大黄鸭”作品（图2-3），将原本只在艺术画廊的大厅中展示的公共艺术释放并融合进整个城市环境中，让人们拥有了更丰富、独特的空间体验。

二、公共艺术的自由性

公共艺术的设计场所、表现形式及公众的参与形式都具有自由性。单一抽象的公共空间并不存在，公共艺术设计场所的自由性体现在每一种公共空间与不同的社会活动结合产生不同的场所。每一种场所又形成了不同的场所精神，这与其所处的地理位置、社会职能、场所职能密不可分。例如，纽约艺术家Kurt Perschke的“大红球项目”，一个巨大的、高度为15英尺的红色球体（图2-4、图2-5）总是在意想不到的地方出现，如桥梁上、两栋房子之间、教堂前、房梁下等公共场所。迄今为止，大红球已经出现在芝加哥、巴塞罗那、台北、阿布扎比等地。北京地铁圆明园站使用西洋楼残柱作为浮雕主要部分（图2-6、图2-7），与其所处的地理环境相契合，体现此处

图2-3 《大黄鸭》作者：弗洛伦泰因·霍夫曼（2007年）

图2-4 纽约艺术家的大红球项目（出现在艺术雕塑上）

图2-5 纽约艺术家的大红球项目（出现在两栋建筑中）

图2-6 北京地铁圆明园站浮雕作品1

图2-7 北京地铁圆明园站浮雕作品2

历史文化。这些都是公共艺术自由结合方式的体现，向公众展示公共艺术，不受表达形式的限制。

三、公共艺术的互动性

公共艺术与其他艺术的最大区别在于它强调艺术作品的创作与公众之间的交流，将社会文化、公共空间与公众三者之间紧密联系，并通过各种互动交流传递所要表达的艺术精神。中国美术学院雕塑系教授孙振华认为：“公众参与公共艺术的结果是实现与作品的互动，即艺术家与公众之间的双向交流，相互影响和互动的主体是平行的。作品的意义和结果只能在互动中完成。”作为创作者，既要将公共艺术作品的概念进行完整的表达，同时也要使公众能深刻地理解作品的寓意与设计的目的。

艺术家约姆·普朗萨（Jaume Plensa）设计的皇冠喷泉（图2-8），喷泉中间是倒影池，两侧是玻璃砖建的塔楼，这两座塔楼上来回交替播放芝加哥1000位市民的笑脸，欢迎着所有来到这个公园的人。整个设计具有非常强烈的互动性，公众会想要参与其中，使其短暂逃离嘈杂的世界。

作为优秀的公共艺术家必须拥有高度的社会责任感和人文情怀。公共艺术本身的特质是以提出问题为创作目标，以解决问题为导向，来突出公众的精神风貌和增加该地区的影响力。艺术家需要深切地体会和思考如何将自己的设计理念与公众的实际需求相结合。经过深思熟虑后，艺术家才能设计出体现公共意识和具有时代精神且受公众欢迎的公共艺术作品。

*I See What You Mean*是一个站立着的蓝色巨熊雕塑（图2-9），雕塑位于丹佛科罗拉多会议中心的门口，高约40英尺。此公共艺术作品中，熊正透过玻璃窗向会议中心内部看去，仿佛看到了什么令它惊讶的有趣秘密。将其安装在这样一个人来人往引人注目的地方，是想告诉人们“我知道你的意思”，正如作品名称一样。实际上，这是公共艺术与建筑空间之间的互动，并通过公共艺术作品幽默地解释这个会议中心的区域功能。艺术家劳伦斯设计了这只蓝色巨熊，其出发点是“好奇”。而公共艺术作品蓝色巨熊雕塑的创作灵感来自于艺术家偶然在报纸上看到一只黑熊不小心进入城市，因好奇透过窗户，看向其他人住宅的照片。

因此，公共艺术作品必须考虑到公众的审美、实际需求和艺术本身的艺术价值。

图2-8　芝加哥千禧公园内皇冠喷泉

图2-9　*I See What You Mean*

四、公共艺术的独立性

公共艺术的存在并非是单一的形态，公共艺术与其他艺术相比更加注重与人文景观和自然景观的融合。从空间层面进行探讨，空间是一个与时间相对，并且哲学化的术语。公共空间是城市空间的重要部分，根据安切雷斯·施耐德的理论，公共空间可由几个不同层次来加以划分：①物理的公共空间；②社会的公共空间；③象征性的公共空间。公共艺术与公共空间既相互融合又是相对独立的。学术界将城市中的公共艺术定性为一种小型景观，中型景观则是城市有机结构中的各个组成部分，而大型景观则指城市的形状和整体结构。在我国，雕塑是城市公共艺术的主要代表形式之一，其融入城市环境又在空间上相对独立。而城市中的大型雕塑一般会设置在广场、公园和街道等公共场所，作为独特的公共艺术存在。

安尼诗·卡普尔（Anish Kapoor）设计的《云门》，就是独立景观性的完美展现（图2-10）。《云门》的创作灵感来源于自由自在流动的水银，其如镜的表面可以映射出芝加哥美丽的城市天际线，而被称为“肚脐”的流线型拱门底部，可以增加更多的反射面。当走入塑像中央时，整个空间呈现一种扭曲感，会让人们产生固体变成液体的幻觉。

五、公共艺术的批判性

“批评”一词来源于古希腊词“krino”，其原意是“区别”，可以理解为进行选择性地批评。早在古希腊时期，城邦内的公共事业蓬勃发展时，讨论批评就成了理性思考下的表达方式之一。艺术的批判应该是一种不求结论的、思想冲突式的思辨行为，它的目的是引起人的思考。可以说公共空间和公共领域一直存在着批评和再构建。公共艺术始终植根于不同城市的历史与政治文化中，它反映了每个城市不同的文化特征。若公共艺术不能真正倾听、掌握并表达城市运行的复杂脉搏，公共艺术将在城市空间中逐渐失去其画龙点睛的作用。

图2-10 《云门》 作者：安尼诗·卡普尔（Anish Kapoor）

第二节　公共艺术的作用

公共艺术作为城市文化思想内涵的一种表现形式，不仅能够美化城市环境，提高民众的审美能力，促进各国艺术、文化融合交流，更能表现出城市的深层次文化气质与精神内涵。

一、弘扬社会主流文化价值观

在现代社会中，多元文化共存，公共艺术以多种形式呈现。学者於玲玲认为："公共艺术是体现社会主义核心价值观的重要载体，在多元文化并存的现代社会，公共艺术的表现形式多种多样。从公共艺术的社会功能来看，必须要时时体现出社会主义核心价值观的正确导向，让公共艺术成为主流价值观的传播者，弘扬社会正能量，树立正确的舆论导向。"

公共艺术能够与公众产生深刻的"互动"，与公众进行深刻的情感交流，且这种情感交流是在潜意识中完成，对公众产生了有意识的影响。多数公共艺术作品在创作初期就会考虑不同社会群体的心理特征和价值取向，以实现设计作品情感和价值观的表达。

中国公共艺术在发展中分为两个阶段：1949—1978年是第一阶段，中国坚持社会主义模式，抵制西化，确保国家的政治独立，但相对封闭的政策导致了经济和文化发展滞后。这一时期的代表性公共艺术作品包括雕塑家萧传玖于1953—1956年创作的人民英雄纪念碑"南昌起义"浮雕等（图2-11）。1978—1995年为第二阶段，中国在积极参与全球化进程的同时还加强了对文化市场的控制和管理，在一定程度上促进了公共艺术的发展。在此期间，许多寓意为"开放荒原"和"起飞"的城市雕塑出现在全国各地。这两个阶段的公共艺术是一种体现和定义国家价值的艺术形式，大部分的作品以明喻或隐喻的方式传达了民族价值观。

二、提高民众的审美能力

公共艺术的审美价值体现在公众对公共艺术作品的欣赏上，在陶冶情操的同时培养公众的审美能力，营造审美意境，进而提高公众的精神境界、道德水平。

图2-11　人民英雄纪念碑"南昌起义"浮雕　作者：王式廓（画稿）、萧传玖（雕刻）（1958年）

（一）提升审美愉悦感

公共艺术作为公共开放空间中的艺术形态存在，首先为公众带来视觉美感，其次为人们带来审美愉悦，相应的环境设计是视觉艺术的重要形式，也使公众获得审美愉悦。

（二）培养审美能力

人们在与公共艺术作品不断接触中，往往会受到其造型的影响逐渐培养形成艺术造型能力。*Agent Crystalline*（图2-12）被塑造成一座能连接天空与陆地的“灯塔”，它坐落在加拿大埃德蒙顿警察中心西北园区的大楼前。装置与地面有三个接触点，呈现出一种等待着发枪号令、随时准备奔跑的姿态。

（三）营造审美意境

公共艺术作品能激发公众内心的欲望和情感，再通过理性来调节、引导、净化，把感性的冲动、欲望与情绪纳入审美中。

三、促进民间艺术发展

无疑公共艺术可以在一定程度上促进民间艺术的发展。艺术创作可以从民间艺术中挖掘和整理出部分文化精髓和艺术元素，使其成为当代公共艺术中自然与人文景观、建筑与环境艺术、历史与现实、未来文化与艺术的亮点。民间艺术的应用和创作也可以在公共艺术领域展现其灿烂的艺术魅力。

东巴文化的“万神园”位于云南西北方（图2-13），是与神灵对话的地方。该公共艺术群在东巴文化遗址上建立，是一个带有宗教性质的公共艺术作品，是以远古时期的造型符号、图腾和祭祀场为背景的。它是记录当地宗教和民间文化活动的艺术作品，它将少数民族民间文化与神秘宗教文化交织在一起，展示了古老而神秘的纳西族东巴文化的宗教仪式。“万神园”地域辽阔，是许多“神灵”和宗教符号的家园。它通过石雕、木雕、地面浮雕、绘画等艺术形式，恢复了古代人与自然、宗教神灵的关系，塑造了人世间万物从出生到死亡的过程。

图2-12　*Agent Crystalline*

图2-13　万神园

作品遵循当地的民俗风情和宗教仪式的创作思想，借助古老的东巴舞表演，使肢体语言和公共艺术作品高度兼容，以非常原始的形式表达了东巴文化中的宗教与神灵，向人们重现了东巴文化的原始生态艺术。

四、为当代艺术提供展示场所

（一）地域标志功能

许多公共艺术作品具有特定的纪念性和生动的视觉特征，并随着时间推移自然地成为地域标志，如中国的长

图2-14 长城

图2-15 凯旋门

图2-16 红丝带

城（图2-14）、巴黎的凯旋门（图2-15）、悉尼的歌剧院、罗马的斗兽场、埃及的金字塔等。这些的公共艺术作品逐渐成为这个国家或城市的形象代言，甚至成为社会文明和城市文化的象征之一。

巴黎凯旋门（图2-15），即雄狮凯旋门，位于法国巴黎的戴高乐广场中央，是拿破仑为纪念1805年打败俄奥联军，于1806年下令修建而成的。它是欧洲100多座凯旋门中最大的一座。其中最吸引人的是刻在右侧（面向田园大街）石柱上的“1792年志愿军出发远征”，即著名浮雕《马赛曲》，是在世界美术史上占有重要地位的不朽艺术杰作。

（二）文化传播功能

公共艺术作为构建当代城市面貌的文化载体之一，具有传递信息的重要功能，其主要表现在历史、审美、生活、公益以及地域特色文化的传播等五大方面。公共艺术中涉及历史和文化信息，可以为人们了解古今生活、文化提供基础。公共艺术的文化性和对公众的教育性，引起我们对公共艺术未来发展的重视和引导。针对目前公共艺术存在的文化内涵缺失、创新精神匮乏、制度建设不完善以及公共艺术创作者自身的局限性等问题，为顺应公共艺术的多元化、人文化和综合化趋向，我们应当努力传承中国传统艺术的精髓，致力于现代公共艺术的创新。

土人景观设计的秦皇岛唐河公园项目中的核心景观——红丝带（图2-16），是一个富有文化内涵及民族情怀的景观装置。设计者设计了一条以玻璃钢为材质的，长达500米的“红丝飘带”，整合了步道、座椅、环境解释系统、乡土植物展示、灯光等多种功能和设施。其中最突出的特点就是中国红的运用，旨在以一种充满活力的方式展示中国社会主义的文化价值。

第三节　公共艺术的分类

公共艺术一般可分为公共空间的壁画，雕塑，装置、装饰等。还可以根据不同标准进行分类，如按创作形式分类，按所处地点分类等。

一、公共艺术的一般类别

（一）公共空间的壁画

壁画是附在墙体上的绘画艺术，是一种加强空间环境氛围的艺术形式。例如，永乐宫壁画（图2-17），这是中国古代壁画杰出佳作的代表，位于山西省芮城的永乐宫（又名大纯阳万寿宫）。永乐宫的壁画规模达1000平方米，分别位于无极殿、三清殿、纯阳殿和重阳殿里。其中三清殿是座主殿，殿内壁画共计403.34平方米，画面高4.26米，全长94.68米，为大殿的整体环境空间增添了庄严气氛，达到宣传道教与感召人心的作用。

（二）公共空间的雕塑

雕塑是造型艺术的一种形式，是雕、刻、塑三种制作方法的总称。雕塑是指为美化环境或者纪念意义而雕刻成形，具有一定象征意义的装饰物、纪念物。雕塑使用各种可塑材料，创造出具有空间可视、可触性的艺术形象，借以反映社会生活面貌，传达艺术家的审美情感。雕、刻通过减少可雕材料，塑则通过堆增可塑材料以达到艺术创造的目的。而三维空间的雕塑艺术受限于另一种“空间”——公共空间。简单来说，公共空间包括建筑空间与文化空间，有着物理和精神上的双重意义。

纳尔逊·曼德拉纪念碑是有南非国父之称的前总统纳尔逊·曼德拉的雕像（图2-18）。该雕像在2012年8月4日与南非人民见面，纪念其因反抗种族歧视而入狱50周年。这座雕像使用50根10米长的钢柱为媒材，钢柱的体面变化形成曼德拉头像，同时又指代监狱铁窗，是由艺术家Marco Cianfanelli创作而成。

图2-17　永乐宫壁画1

图2-18　纳尔逊·曼德拉纪念碑　作者：Marco Cianfanelli（2012年）

（三）公共空间的装置、装饰

装置艺术是“场地+材料+情感”的综合展示艺术。例如，日本艺术家盐田千春（Chiharu Shiot）在波兰博物馆所展出的装置艺术*Counting Memories*（图2-19、图2-20）。在交错摆放的九张老式木造桌椅上，升起一条条黑色纱线，纱线缠绕成一团黑色乌云，白色数字悬挂于其中，就好像黏在巨大蜘蛛网上的小昆虫。艺术家用黑色的纱线代表过去，用数字代表对大家最有意义的日期，用数字收集大家的过去。她认为每个数字分别定义着每个人，将人们相互联系起来，人们会分享对自己很重要的日期，而这也帮助人们了解自我。

荷兰艺术家Hofentijn Hofman与香港创意单位All Rights Reserved合作创作了一个新的大型户外大象艺术装置*Bubblecoat Elephant*（图2-21）。其灵感来源于时尚界常用的泡沫材质Bubblecoat。

图2-19　*Counting Memories*1

图2-20　*Counting Memories*2

图2-21　*Bubblecoat Elephant*

二、公共艺术的其他分类

（一）按公共艺术的创作形式分类

1. 二维公共艺术

公共艺术的二维形式是指附着在公共空间的墙壁、地面或平面空间的艺术创作。主要通过视觉效果来传达主题特征。

（1）传统公共壁画

壁画是最早和最广泛的公共艺术创作形式，在公共空间的墙壁上绘画具有独特的艺术价值。东西方传统壁画的区别在于东西方绘画方法和思维方式的差异。中国传统壁画强调线条的表现力，主题与宗教或皇室重要事件相关，如山西永乐宫壁画（图2-22）。西方传统壁画使用颜色塑造身体，强调解剖学、透视和其他科学表达，主题主要与圣经故事或重大事件相关，如米开朗基罗西斯廷教堂的天顶壁画（图2-23）。

（2）当代公共壁画

当代壁画与传统壁画的主题相比更具人性化。当代壁画更加关注人与自然的关系或人类生存的现状，当代绘画的发展对壁画产生了巨大的影响，新材料的使用和创作形式的多样化使当代壁画的创作更加趋于丰富与多元化发展。例如，由荷兰艺术家Arno Coenen和Iris Roskam以及另外一组设计师和动画家在鹿特丹市的Markthal大型拱廊市场一同完成的艺术作品《丰饶之角》（*Horn of Plenty*）（图2-24、图2-25），此作品目前是荷兰最大的艺术作品。

（3）涂鸦艺术的公共性

涂鸦艺术具有明显的公共艺术特征，涂鸦具有自由游戏和休闲创作的特点，涂鸦作品可以与公众产生互动，引起公众讨论等。它的绘制地点大多是公共空间，如街道广场和建筑物的墙壁，它通过独特的艺术手法来产生某种装饰和美化的效果以表达艺术家的设计灵感（图2-26）。

图2-22　永乐宫壁画2

图2-23　西斯廷教堂天顶壁画

图2-24 《丰饶之角》1 作者：Arno Coenen、Iris Roskam

图2-25 《丰饶之角》2 作者：Arno Coenen、Iris Roskam

图2-26 街头涂鸦艺术

（4）印刷类的公共艺术

平面形式的公共艺术创作不仅限于绘画作品，也可通过喷墨印刷来创作。计算机应用彻底改变了传统的印刷设计，促进了印刷技术向“计算机数字化设计”的历史转变，为印刷设计注入了现代技术内涵和时代特征，降低了创造大型艺术作品的难度。例如，在荷兰阿姆斯特丹医养环境的设计中，印刷钛面板的应用将图案元素放大至建筑尺度，将儿童纯真梦境的心理期望具象化，从而转换成实际空间环境的公共艺术，达到增强医养环境气氛和使用空间的目的（图2-27、图2-28）。

（5）新媒体公共艺术

新媒体艺术是一门以光学媒体和电子媒体为基础的新兴艺术学科，其基于数字技术，使观众产生全新的视觉体验。在艺术面貌极端丰富、各类媒介急速诞生发展的当今时代，新媒体作为一种被广泛运用的新生技术手段，是与当今世界科技成果结合最为紧密的艺术形式之一，拥有长远的发展前景。但其缺点是对设备有较高要求以及对能源消耗有较大依赖（图2-29、图2-30）。

2. 二点五维公共艺术

二点五维也称为半立体，是指在空间形式的分类中介于二维平面和三维形状之间的一种形式，且具有占据少量空间的形态特征。在功能方面，可应用于装饰空间及主题创作，具有标识功能；在形式上，二点五维可以表达平面空间和深度感应空间，因此被广泛应用于公共艺术创作之中。

图2-27　阿姆斯特丹医养环境1

图2-28　阿姆斯特丹医养环境2

图2-29　新媒体公共艺术1

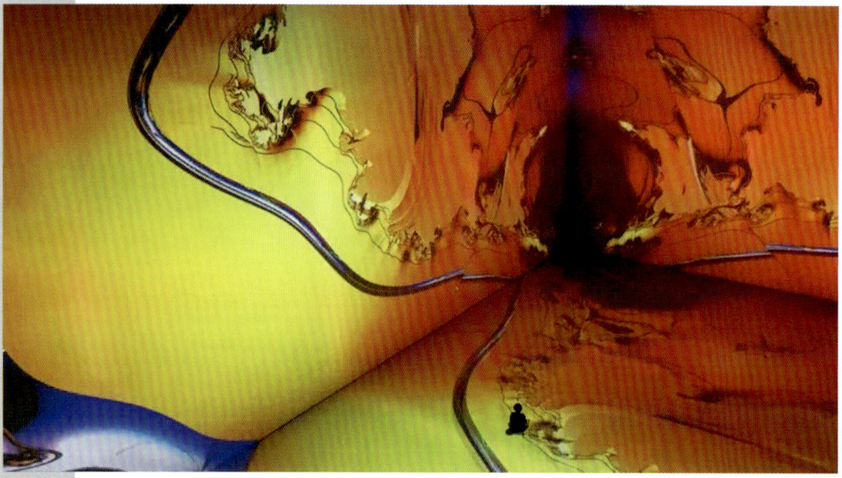

图2-30　新媒体公共艺术2

（1）具象二点五维的公共艺术

即以具象写实的方式创作的二点五维公共艺术作品，主要以人物、动物或自然的图像作为创作对象。这些形式的作品通常用于表达现实生活主题、纪念主题的公共艺术项目。更常见的公共艺术形式是写实的浮雕创作，写实类浮雕需要一个具有良好现实基础和坚实的雕刻能力的创作者。以美国*Camp Barker*纪念装置为例，该纪念装置永久向公众开放，并从概念、形式和材料的使用上，彻底颠覆了华盛顿特区纪念碑的固有形式，特别是那些致力于表现内战的公共雕塑，曾引起全美范围的争论，比起歌颂战斗中的英勇无畏，它们实际上揭露了奴隶制残酷的压迫历史（图2-31、图2-32）。

图2-31　美国*Camp Barker*纪念装置1

图22-32　美国*Camp Barker*纪念装置2

（2）抽象二点五维的公共艺术

“抽象”是指人在认识思维活动中对本质因素的抽取和舍弃事物的表象因素。在美术领域，有抽象主义、抽象艺术、抽象派等概念。抽象的壁饰和浮雕常见于抽象的二点五维公共艺术，是指运用非具象的形态或点、线、面等构成要素依附于墙体进行创作，使人产生似与不似的视觉感受，以表达某种主题意义。

Ark Nova是世界上首个充气式音乐厅（图2-33、图2-34），是由艺术家Anish Kapoor 和日本建筑师矶崎新合作设计。这座可移动充气音乐厅可举办世界级的音乐会及各种活动。在大地震之后松岛正逐步恢复重建，设计团队希望以音乐的形式为当地居民带来鼓励和积极的力量。

图2-33 Ark Nova充气式音乐厅1

图2-34 Ark Nova充气式音乐厅2

（3）二点五维与绘画综合的公共艺术

综合创作是公共艺术设计中一种重要的创作手段。该手段综合绘画的特征与发展趋势，以多元综合材料媒介和艺术观念为基础，是综合展现平面或空间的装置艺术（图2-35、图2-36）。

（4）肌理形态的公共艺术

肌理是指物体表面的纹理结构，即各种纵横交错、凹凸不平、粗糙光滑的纹理变化，可通过物体表面的纹理特征来传达感觉。肌理形态通常可分为天然肌理和人工肌理，肌理不同，也会产生视觉与触觉感受的差异。

天然肌理形态公共艺术，是指选用石材、木材、树皮、树叶、泥土、水等材料，运用物体的天然肌理对艺术进行加工或者采用直接展示的形式来表现艺术美感，如墨西哥生长于丛林中的艺术展览馆（图2-37、图2-38）。

图2-35　现代抽象浅浮雕1 作者：Timothy Hyunsoo Lee

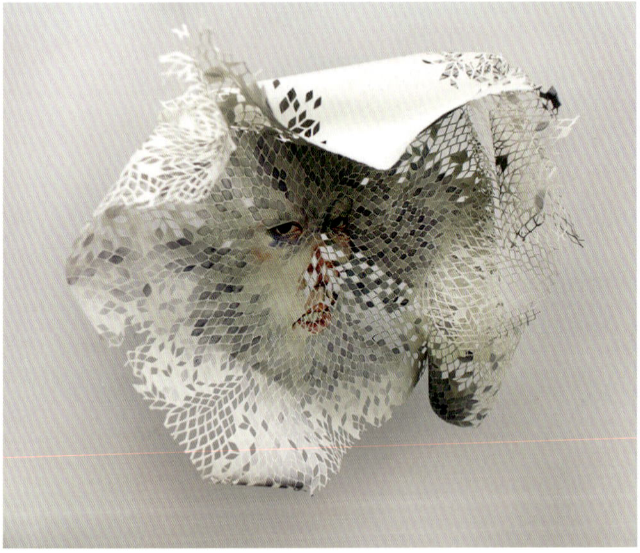
图2-36　现代抽象浅浮雕2 作者：Timothy Hyunsoo Lee

图2-37　墨西哥生长于丛林中的艺术展览馆1

图2-38　墨西哥生长于丛林中的艺术展览馆2

人工肌理形态公共艺术，是指在公共艺术的创作中运用人工合成制造的物体材料，根据材料的特质，比如毛线、树脂、玻璃等，进行肌理再创造，可以创作出给人不同感受的肌理形态。

澳大利亚艺术家Stuart Green受到陶瓷生产艺术的启发设计了一系列雕塑作品*China Green*。雕塑群的主要色调是白色和灰白色，象征着白色陶土的永存。“旋转，重合，碎片，白圈”，成为本次雕塑群艺术设计的主题（图2-39、图2-40）。

3. 三维公共艺术

三维公共艺术作品在现实生活中使用得最为广泛，它们在公共艺术形式中是最常见的，包括城市雕塑、城市艺术装置、实用艺术设施和其他具有三维形态特征的公共艺术作品。从形态的特征可以分为具象形态、抽象形态和现成品形态。

（1）具象三维形态的公共艺术

具象三维形态的公共艺术是指具有写实特征的公共艺术，是一种根据观众的视觉经验可以直接识别的艺术造型，如城市雕塑等。其蕴含着深刻的文化内涵，具有独特的精神力量等。具象写实作品的优点在于对人物或事件的再现性，这类作品广泛运用于历史题材的公共艺术中，而写实能力成为这项艺术创作能力的衡量标准。

如图2-41是美国自由女神像，自由女神像是美国的象征，是美利坚民族和美法人民友谊的象征，该作品表达了美国人民争取民主、自由的崇高理想及民族自由的美好愿望。

（2）抽象三维形态的公共艺术

抽象形式是指揭示事物本质的一种艺术形式。其来源于生活，是艺术家对生活中事物的直观感受，经由综合、处理、概括等一系列的艺术手法进行创造而来的。

图2-39　*China Green*1

图2-40　*China Green*2

图2-41　美国自由女神像

图2-42　上海新天地镜面反射公共艺术

图2-43　斯德哥尔摩地铁系统

图2-44　西班牙格列佛公园游乐场

在公共艺术领域，抽象形式被广泛使用，是一种极受公众欢迎的艺术形式。

抽象形态通过抛离具体形态，将作品创作成介于一种似与不似之间的特殊形态，使得观察者产生无限的遐想，从而形成纯粹的形态美学和极致的审美感。

如图2-42所示，上海新天地镜面反射公共艺术作品，这个30米长的公共装置是一整块造型扭曲反转的板，墙会自然过渡为天花，路过行人的身影会被反射。人们路过这里就像是在走秀，在这里看自己也看别人，看与被看发生崭新的关系，并产生一种全新的理解周围观点的方式。

（3）现成品巧妙构成公共艺术

现成品构成公共艺术是指在设计师运用现有的物品或材料进行公共艺术创作。这种方式直接使用物品或材料的特定感来传达特殊的美学意义，如图2-43所示的斯德哥尔摩地铁系统。此外，艺术家可以通过材料的关联性或艺术家的某种技术加工再创造来形成一种表达新意境的艺术作品。

4. 互动性公共艺术

公共艺术存在于城市公共空间，公共艺术的互动性表现为作品、公众、环境之间的良性交流互动、选择和影响。而公共艺术作品的最大价值在于实现和延伸这种公众的交流互动性。在公共艺术创作过程中需要将使用者即公众的认知特征和心理、行为方式等都考虑在内，通过公共艺术的创作达到人与人、人与环境之间的沟通与交流，在提升都市生命力的同时，实现公共空间使用功能最大化。

以西班牙格列佛公园游乐场（图2-44）为例，孩子们可以爬上格列佛的“胳膊和腿”，从他的“头发”和“马甲”上滑下来，探索他“袖子”里的洞穴，甚至爬到压住他的绳索上。

5. 四维公共艺术

四维公共艺术作品是在三维作品的基础上增添了时间概念。观察者能够直观地感知作品在不同形态变化中所表达的艺术效果，如活动雕塑。此外，也有些作品是静态的，通过改变或比较造型来传达心理动态变化。图2-45、图2-46所示是美国一个名为*Ambiguous*的公共艺术装置，该公共艺术品表达了教育中心的主题“小事物的重要性”，即强调小部分对整体的贡献。设计师Rob Ley创作了一个由数百个小蝴蝶结组成的雕塑，这些设计元素都具有独特的弯曲角度，并通过铆钉组合成最终的整体形态。此作品的一部分艺术灵感来源于生物的最初形态，如种子、孢子、卵和花粉，它们都具有迷人的构造和纹理特征，这些特征都是每个物种所独有的，相互比较时则显得相似，使观察者可直观地观察作品细节。

6. 感官体验性公共艺术

感官体验，即听觉、嗅觉、味觉等的体验。当公共艺术能满足受众的精神需求时，这些体验愈加强烈，作品与观众之间的互动可以有效地激发观众的兴趣，增加人与公共空间互动的趣味性。

以加拿大冰山互动景观设施（图2-47、图2-48）为例，这里的冰山互动设施其实是一系列

图2-45　*Ambiguous* 1

图2-46　*Ambiguous* 2

图2-47　加拿大冰山互动景观设施1

图2-48　加拿大冰山互动景观设施2

能发出独特声音的金属照明景观拱门装置。当游客走进拱门，内部的运动传感器检测到他们的活动，触发灯光和声音，从而使冰山互动景观设施有了灵性。游客行走其中，听得到流水从这些冰山中经过，与冰山形成音色上的共鸣，音调的变化让人体会冰慢慢融化的过程。不管是个人或者群体，行走或者站立，游客都可以通过这一设施来享受一场视听盛宴。

（二）按所处地点分类

公共艺术存在于人们的日常生活中，在提高城市生活质量的同时优化城市形象，且为人们提供了各式各样的艺术体验。随着时代的变迁，人们对公共艺术空间的需求也与日俱增，已从单纯的视觉享受需求逐渐上升到心理需求的层面，城市公共艺术的发展也越来越活跃。

1. 广场中的公共艺术

广场中的公共艺术的主题随着城市变迁的历史与进程而变化，它代表着城市的精神文明。

广场中的公共艺术定位是在密集的商业和住宅区内开辟高品质的公共活动空间，同时在单一的商业文化中植入公共艺术创作、展览、交流和教育等方面的设施。因此，它不仅提供一般的休闲绿色空间，也提供了一个生动的城市生活舞台，是公众接触艺术的一个重要媒介。

图2-49　伦敦东部广场穹顶公共装置1

图2-50　伦敦东部广场穹顶公共装置2

以伦敦东部广场穹顶公共装置（图2-49、图2-50）为例，该装置的设计较为新颖，吸引了人们的眼球。装置内部的空间很大，可以用来举办社区活动，也是当地家庭和孩子们享受闲暇时光的主要场所。里面放置了一些动感可爱的卡通形象和彩饰陶罐，可播放电影片段和进行科学实验等，具有一定的教育意义。该装置全天面向公众开放，为人们提供了一个休闲娱乐场所，这也是该装置建设的最初目的。值得一提的是，该装置的内部空间可以根据需要调节，它可以在短短的几分钟内从一个单一的65平方米的球状结构变成一个面积超过400平方米、高8米多的房间结构，非常方便，实用性很强。

2. 公园里的公共艺术

从公共艺术的性质来看，城市公园公共艺术的类别大致可以分为两种：一种是以功能性为主导的公共艺术作品，另一种是以艺术性为主导的公共艺术作品（图2-51、图2-52）。

图2-51　美国黄石公园披肩式艺术装置1

图2-52　美国黄石公园披肩式艺术装置2

3. 街道上的公共艺术

在一般城市街道的公共艺术作品中，通常将其造型与城市的特有风格、文化、历史有机联系，创造出一件有趣的艺术作品，这也是城市的文化精神和人文色彩的外在表现，它传达着城市的特殊文化底蕴，为城市面貌增添了趣味性。图2-53、图2-54所示为艺术家Michel de Broin设计的作品*Dendrites*，意为“树突”，指的是神经元的分支突出部分，在希腊语中也有树干的意思，象征城市的生长及活力。Michel de Broin以耐候钢作为“主干”形成楼梯的结构，越向上分支越细，最终成为一处有趣的城市观景台，成为人与公共空间沟通的枢纽。

图2-53　*Dendrites* 1　作者：Michel de Broin

4. 地铁内的公共艺术

地铁作为城市的重要公共交通枢纽，不仅承担着交通功能，还承担着城市文化传播和展示的任务。将公共艺术融入地铁空间，可以营造出不同的艺术空间环境，以达到提升人们乘坐体验的效果。图2-55所示为加拿大大气照相机公共艺术装置。大气照相机是一件公共艺术品，被安装在加拿大多伦多旺市大都会中转站的圆屋顶上。该公共艺术品的占地面积高达16000平方英尺，将中转站凸面形的天花板打造成了一个动态的、立体的拼贴画，形象地展

图2-54　*Dendrites* 2　作者：Michel de Broin

图2-55　加拿大大气照相机公共艺术装置

图2-56　浙江大学城市学院图书馆外墙

示了车站内的日常百态。当乘客进入“镜头”下方的空间并在其中来往穿梭的时候，他们的影像便会被映射在天花板上的面板中，成为不断变化的大气环境的一部分，从而实现了一种被动动力学的效果。具有战略意义的天窗与冬至、夏至、春分、秋分时期的太阳角度相对应，将两个层次的光线投射到车站的深处，照亮了这个十分缺乏日光的空间，形成了一种动态的视觉效果。

5．学校内的公共艺术

校园的公共艺术是公共艺术在校园特定环境下的应用和发展，它是校园环境建设的一个重要部分，体现了独特的校园文化。校园公共艺术的设置不仅仅是一种简单的“艺术”植入，它的建设在塑造人文艺术氛围、树立师生文化认同感等方面具有重要作用。

“社会主义核心价值观”公共艺术位于浙江大学城市学院图书馆外墙，如图2-56所示，表现的是社会主义核心价值观中关于个人层面的“爱国、敬业、诚信、友善”四组词语。在设计时，强调公共艺术与环境的自然和谐。在对印章的字体进行了重新设计后，原本表面光滑的字形成了“平滑与粗糙”的鲜明肌理对比，表现出沉稳厚重的气质。设计追求公共艺术与爬山虎墙的融合效果，让爬山虎自由生长，与环境对话共生。

课后练习

1．深入学习公共艺术类别及公共空间的壁画，雕塑，装置、装饰。

要求：选取公共空间的壁画，雕塑，装置、装饰的一个方面阐述其重要性

2．根据公共艺术的特征撰写公共艺术设计方案。

要求：①选择对象；②制作方案；③制作作品，并写出作品的整个制作过程。

第三章　壁画艺术

艺术的发展始终适应着人们的生存、生产或生活。历史经验告诉我们，在经济发展、社会进步的前提下，人们乐于享受公共艺术，并借此来改善生存环境和提高日常生活品质。随着人类进入新的时代，环境问题成为人类生存和发展的根本性问题之一，同时由于设计领域对观念和意识的更新，回归环境、回归自然又成为人类生活的一个公共性主题。

壁画不仅是环境的装饰，而且也是环境的重要组成部分，壁画的内容能够直接地传达特定环境或特定区域中人们的艺术理念和气息。因此，壁画创作首先应该考虑人与环境的对应关系，它们既是对环境的诠释，也是对环境的拓展，它们使得某一个具体的、有限的场所和空间升华成一个具有某种抽象含义的、无限的艺术空间。

本章重点：公共壁画的作用和形式特征。

本章难点：公共壁画的形式特征。

建议课时：4课时。

第一节　公共空间中的壁画艺术

关于“壁画”的概念，在《中国大百科全书》的美术卷中将壁画定义为一种装饰壁面的画，包括用雕刻、绘制，以及其他的工艺手段或造型手段在天然或人工壁面（主要是内外建筑物的内外表面）上制作的画（图3-1）。壁画作为建筑物的附饰部分，通过建筑与绘画的相互适应，达到建筑的实用性与绘画感染力的和谐统一。这样既具有意识形态方面的功能，又具有建筑的装饰与美化功能，构成环境艺术的重要价值。

图3-1　敦煌莫高窟第156窟《窟顶藻井》

通常，“壁”是指与地面垂直的建筑体墙壁，或者是在性质或形态上有着立面概念的实体。从壁画的意义上来讲，“壁”泛指所有人为或自然空间的面体。

最初的“壁”是天然形成的，如自然环境条件中的石壁、岩壁等。后来，逐渐地发展成为建筑装饰，产生了人为的“壁”的概念。人们借助建筑的墙壁挡风避雨、避免天敌侵害的同时，也可在自然的空间中围合出一个人们自己所占有的空间，从而改善生存的条件及生活的品质，产生一种生存的安全感与独立感。

壁画艺术应该是人类文化活动中最早独立出来的一种绘画艺术形式。从现存的史前时期的绘画遗迹来看，最早的就是壁画。壁画可以分为洞窟壁画与摩崖壁画两种，如敦煌壁画即为洞穴壁画，而云南、广西等地有许多摩崖壁画。

史前壁画在亚洲、欧洲、大洋洲、非洲都有发现，目前为止发现的最早的壁画距今已有两万多年的历史。在中国，发现了大量的摩崖壁画，有的壁画明确地被断定为新石器时代的作品，如内蒙古地区发现的阴山岩画（图3-2）。

今天，随着科学技术的提高，工艺和材料的不断更新，传统壁画的概念已经不能完全适应现代壁画的演变和发展。因为今天的“壁画”，从宽泛的概念上讲，已经从传统形式和内涵上的“平面绘画”延伸到包括非绘画性的木、石、铜等综合材料构成的具有立体特征的，并显现在壁面上的浮雕。当代的壁画，其含义和概念如此的宽泛，实际上是由于时代在变化。我国著名的艺术家袁运甫教授曾经明确地指出：“在中国独特的社会形势下，壁画是公共性的，是最具时代特征、最具有中国气派的充分体现时代理想的公共性艺术。”

因此，现代壁画就其概念来讲已与传统壁画有着巨大差异，在形式感和材料上更是超越了过去，它主要体现在：①与环境紧密结合，甚至壁画的艺术创作本身，就是建筑功能或空间功能在意义上的延伸和扩展；②材料与手法的多样性产生出丰富的视觉变化（图3-3）。无论如何，壁面是壁画的物质载体，是其最基本的物质基础。

图3-2　内蒙古地区阴山岩画

图3-3　北京燕京饭店多功能厅壁画《精卫填海》 作者：权正环

第二节　公共壁画的作用和形式特征

人们对于艺术的要求，是源于物质生活发展的水平和基础。公共壁画使得人们在新的认识下反思人的生存与环境、自然的关系。人们对于生活环境质量的要求越来越高，希望重新建构人类的人文环境和生存空间，因此，公共环境艺术就被推到了一个重要的位置上来加以考虑。

一、公共壁画的作用

（一）壁画与自然环境

自然环境，包括山川、水源、植被等，在经过人们的构思、处理后，能够达到一种艺术化的效果，具有一种特殊的人文意境。

自然环境壁画艺术，是在一定的范围内，利用并改造自然面貌或者人为地开辟和美化地形面貌，同时结合植物栽植或艺术形态的加工，从而构筑出一个别出心裁的人工自然环境供人们欣赏（图3-4）。

因为公共壁画是一门新兴的环境综合性科学，所以人类在利用艺术的手段创造和美化自然环境时，就需要将艺术与环境巧妙结合。美国的贝弗里·佩珀就是一个善于改变大自然面貌的环境艺术家，他喜欢用混凝土筑造出多种形状的作品。

（二）壁画与广场环境

广场环境艺术，是一个传统的市政规划项目。人们对它的艺术感受，随着人们的位置移动而产生的丰富的场景变化而变化；视觉上的反应，也随着周围环境景观形象的变化而变化。广场的环境设计被公众所感受到的，应该是一种有韵律的、生动的、富有新意的、具有独特生活气息的艺术创造。因此，壁画作为广场上的公共艺术无疑更加引人关注并成为广场文化精神的重要载体和公众视觉的焦点。随着当今新的技术、材料及观念在壁画设计中的运用，壁画一时成为广场公共艺术建设中的热点，成为塑造城市形象、展示城市历史文化、美饰广场空间及陶冶市民艺术情操的重要手段。

如深圳市东门广场的铜塑壁画《老东门墟市图》（图3-5），位于广场西侧，艺术家利用近50平方米的艺术浮雕墙体，描绘了老东门的百年变迁，生动再现了老东门墟鱼行、布行、金行和百货小吃等多

图3-4　瑞士莱森山草地壁画 作者：Saype

图3-5　《老东门墟市图》

个行业，纵横交错的商业街被誉为“东门清明上河图”，展现众生百态，世俗风韵，商贾行状，这些都是深圳的历史中值得被记住的点点滴滴。这种壁画在题材与形式表达上都充分体现了地方特色，成为广场的亮点，同时也提升了广场的文化品格。要使城市广场成为人气旺盛的空间，成为一个真正让艺术影响环境的空间，现代壁画是重要手段之一，它对城市空间的美化、城市空间的升华起着不可替代的作用。

（三）壁画与园林环境

园林环境艺术在当代艺术概念上主要指，在一定的地区和范围内利用大自然地貌或人工技术改变山水环境的自然特征，结合雕塑、壁画、植物、楼厅阁榭等创造供人们欣赏、居住的幽雅环境，给人以贴近自然的审美享受。

罗马尼亚的康斯坦丁·布朗库西，是一个主张现代浮雕壁画应按照材料的属性来表现的艺术家。他在罗马尼亚特尔古日乌设计的《吻之门》（图3-6），是纪念1916年第一次世界大战中牺牲的罗马尼亚战士的纪念碑的一个组成部分。此门建造在特尔古日乌公园的正中，因为在这个门上刻有浮雕吻的图案，故称《吻之门》。这种设计使整个公园顿时增色，并成为整个园林环境的一个重要组成部分。

（四）壁画与公共建筑室内环境

随着技术的进步和建筑环境艺术的快速发展，公共建筑的环境艺术化已经成为一种具有实用性及审美价值的艺术追求，壁画艺术与其他建筑因素一样，是公共建筑中富有生命力的不可缺少的构成元素。

室内环境空间对人们的情绪有着极大影响，因此，美化室内空间是室内环境艺术建构中的首要要求。根据室内使用功能的要求，以及建筑空间结构的限制，壁画的构成在形象、色彩、材质等各个方面都必须服从环境条件，从而创造出一个舒适的环境，来满足人们在生理和心理上的特殊需求（图3-7）。

图3-6　石雕《吻之门》　作者：康斯坦丁·布朗库西

图3-7　武汉地铁2号线室内壁画《楚鸣钟天》　作者：王艳、吴涛、刘曼

（五）壁画与公共建筑室外环境

公共建筑的室外环境，是人们日常生活、工作中不可缺少的场所。在室外建筑环境中壁画艺术的作用更为重要。

壁画是美化公共建筑的主要因素，可产生亲切感和温暖感，激发人们对艺术的感知。因为壁画作品的存在给室外的环境创造出一种统一协调的人为联系，并赋予建筑自由活泼的气氛，所以任何一个城市的火车站、机场和汽车站等城市地标都以壁画表现了城市的文化气氛，代表城市的文化水平。壁画的存在，不仅能使人们获得轻松愉快的感受，同时也在轻松愉快之中减轻了人们在城市生活中的烦恼和压力。

由此可知，壁画要达到和所处环境的和谐统一，必须符合公共环境建筑的功能要求，并且运用自身的艺术语言使之与环境完美结合。公共环境中有无壁画对人们的心理与视觉产生的影响是不一样的，而壁画艺术作为人们喜欢的艺术表现形式自然有其独特的艺术价值。因此，壁画艺术与公共环境的统一和谐有着以下的基本原则和要求：

1. 壁画的整体性

所谓壁画的整体性是指壁画与建筑壁面协调的整体性，即壁画艺术应该适应墙面的要求，当然，这也包括了墙面所依附的建筑和建筑周围的环境（图3-8）。

壁画并不是建筑中盲目的装饰，它和建筑应该是一个完整的有机统一体。在特定的公共环境中壁画与环境之间相互补充、相互作用。若使用不当，就会显得支离破碎、不伦不类，成为可有可无的堆砌，最终导致环境格局的散乱而失去建筑整体的统一（图3-9）。

2. 壁画的公共性

因为壁画艺术是大众生活所拥有的空间艺术，大众对其参与性和互动性愈高，就愈能表达壁画的艺术价值，所以壁画所陈列的环境具有公共性，且大多处于室外或室内的公共场所。这样壁画便可以受到社会的评价，尤其是从艺术审美方面。壁画应尽可能地使更多的观众产生审美共鸣，从而使广大的公众获得艺术享受与社会启示（图3-10）。

图3-8 《白云黄鹤》（木雕壁画） 作者：王艳、廖世游、黄清明

图3-9 《自然　环境　希望》（铜雕壁画） 作者：王艳、吴涛、刘曼

图3-10　玛雅古壁画

3. 壁画的多样性

运用于特定建筑环境中的壁画，受到不同建筑壁面及建筑的功能、性质、材料等多方面的要求，直接地导致了壁画艺术的多样性。特别是材料的日新月异，极大地带动了现代壁画艺术在题材、内容、手法、形式、风格上的多样性（图3-11至图3-16）。

图3-11　玻璃壁画《时空》 作者：崔慧娟、李玥莹、徐俪恩

图3-12　玻璃壁画《西兰印象》 作者：汪龙玥、吴金燕、陈卉佼

图3-13 陶瓷壁画《趣》 作者：钟爱萍、孙一萌

图3-14 版画壁画《儿时记忆》 作者：向诗文、王蓓、李喆歆

图3-15 大理石贴面壁画《埃及金字塔印象》 作者：卢震球、陈玉、李嫣然

图3-16　木板贴面壁画《时尚》 作者：余安琪、高依依、胡林秀

二、公共壁画的形式特征

壁画是环境艺术的一个组成部分，其表现形式是灵活多变而又受到制约的。壁画的成功与否，既取决于特定环境中功能与内容的需要，又取决于各种环境因素的相互协调，同时还要顾及壁画艺术制作的工艺性、技术性和可操作性。

以下简要说明几种主要的公共壁画艺术的表现形式特征。

1. 叙述性表现形式

这是一种常见的表现形式，犹如讲述一个故事一样有一个较为清晰的时间轴线，有详略得当的主次安排。所不同的只是它们进行的是空间性的形象表达，将关键的情节分布在画面上的主要部分，背景及辅助性的细节作为一种环境化的配置。它们在处理题材的形式上类似于写作中的叙述，可以分为顺叙、倒叙与插叙。其中，倒叙性的形式是较为常见的，因为故事的结果往往就是主题的所在，应该加以强调与渲染。如壁画作品《火红的年代》（图3-17）、《激情岁月》（图3-18），将几个重要部分以视觉语言的方法再现出来，完整地加以叙述。

图3-17 《火红的年代》 作者：施祖辉、王偲、崔慧娟

图3-18 《激情岁月》 作者：孙明明、冯萧瑞、董婷

2. 纪要性表现形式

壁画的艺术语言，只能摘取历史长河中的几个瞬间，通过这几个瞬间去表现整体，通过直观的视觉形象震撼人心。

如壁画《历史回顾》（图3-19），这幅壁画作品取材于中国历史。它以一个静态的瞬间场景叙述了孙中山领导的辛亥革命的历史，进行了富于概括性、纪要性的表现。

3. 罗列性表现形式

罗列性表现形式是把所要表达的主题内容中具有代表性的形象逐个地分布在画面上。

这种表现形式既不需要画面的连续，也不需要分明的主次安排，彼此间的关系较为独立，不像叙述性和纪要性的表现手法需要有次序的、线性的结构，它们更接近于说明文中的分类别的说明方法。需要注意的是，壁画中的每个形象主体都必须紧扣主题，为表现主题服务（图3-20、图3-21）。

图3-19 《历史回顾》 作者：龚琦芳、裴诗雅、张文博

图3-20 《少女之梦》 作者：胡碧威、谢亚雄、卢震球

图3-21 《守护》 作者：张文博、杨文妍、唐程

4. 场面性表现形式

场面性表现形式适合宏大场面的描绘，以群体活动为特征，主题内容鲜明突出，常常采用场面性的表现形式来进行艺术性的组合。它们一般不以阐述一段具体的故事为目的，也没有时间的延续，仅仅是在时间的流动中，截取某一个瞬间的印象，记载下这一刻的场面性情景（图3-22）。

如壁画作品《革命故事》（图3-23），通过特定的艺术表现形式，再现了“革命”这一特定场景几个英雄画面。

课后练习

1. 熟悉公共壁画的作用和形式特征，撰写武汉地区典型的公共壁画的作用与形式特征。

要求：按照论文的格式撰写。

2. 选取自己喜欢的公共空间创作公共壁画。

要求：①选择对象；②制作方案；③制作作品，并写出作品的整个制作过程。

图3-22 《影》 作者：杨文妍、施祖辉、黄清明

图3-23 《革命故事》 作者：谢亚雄、卢震球、胡碧威

第四章 雕塑艺术

公共空间中的雕塑艺术是指在城市公共空间设置的雕塑，是城市人造景观之一。公共雕塑在城市空间环境中，旨在美化和优化环境，构建环境的整体意义；同时凭借自身本体的艺术形象特征，成为城市空间区域的景观，强化环境主题，营造公共空间的艺术氛围，渲染并增添了城市的愉悦氛围和优雅格调，使我们赖以生存的城市环境充满诗意和情调。由此可见，公共雕塑是根据城市公共空间、文化内涵和审美特征来界定的，是城市文化思想的表达与陈述。从技术集成的层面来讲，公共雕塑是用雕、刻、塑、焊、敲击、编制以及新型技术和手段创造三维空间形象的艺术。

本章重点：公共雕塑的作用和形式特征。

本章难点：公共雕塑的形式特征。

建议课时：4课时。

第一节 公共空间中的雕塑艺术

雕塑的概念具有狭义和广义之分。狭义的雕塑包括“雕刻”和“塑造”。“雕刻”是指使用工具对某种物质材料进行挖凿削减，如人民英雄纪念碑（图4-1）主要使用雕刻；而“塑造”是手工或工具累积添加黏合剂材料，如芝加哥的《火烈鸟》雕塑（图4-2）主要使用塑造。雕塑艺术的三维成型主要使用“雕”与“塑”的行为或“刻”的手法完成的，材料被加工和生产，通过改变空间体量形成三维造型。广义的雕塑是指应用特定材料来实现空间制作，形成包含主题、思想、艺术及审美的作品。其空间制作的方法不仅是雕刻和塑造，还通过其他方法达到增添与削减材料的目的，因此，艺术行为和结果都具有重要的价值。

雕塑是存在于特定环境中的，特别强调整体效果的一致性和整合性。它有两方面的含义：

①雕塑占据一定的空间，是这个空间的存在实体。

②雕塑存在于与周围空间的互动中，两者构成了一个有机整体。雕塑以其独特的空间语言、材质和造型结构在公共环境中呈现视觉焦点和象征意义，让人们感受到它的形式美及审美内涵。

雕塑在公共空间中表现多样，并以丰富多彩的表达手法和视觉形态广泛应用于公共场所。现今，国内外的雕塑已经打破了常规，以更具创新性的形式传达了大量的信息和内涵，尤其是现代雕塑往往表现出“抽象”的美感（图4-3）。

图4-1　人民英雄纪念碑北立面

图4-2　芝加哥《火烈鸟》雕塑

图4-3　比利时布鲁塞尔《原子塔》 作者：安德·沃特凯恩（1958年）

第二节　公共雕塑的作用和形式特征

雕塑是一种将空间、思想、形态等元素结合在一起的艺术，是公共艺术中最重要、最原始、最直接的造型艺术。表面上看公共雕塑的艺术性仅仅体现在其外观形式上，实质上人们追求的是抽象形体中所表现出的思想和传达的理念。优秀的雕塑注重主题和文脉的表现，可以突出其内在精神和文化性，是一个城市的整体形象的设计。

一、公共雕塑的作用

（一）公共雕塑与环境的和谐

在城市化进程大发展的背景下，雕塑既依附于"环境"，又需从"环境"中表现出个性化的艺术特征，具有协调性和效果的丰富性。这是现代公共环境衍生的价值系统所建立的趋向准则，是衡量公共雕塑与环境和谐的一个重要尺度。

1. 营造城市文化生态

城市雕塑矗立在公共环境中，与周围的城市环境密切相关，在客观上形成了城市雕塑与城市环境之间的生态空间关系。

城市文化生态空间由城市的许多元素组成。城市建筑是城市生态空间最基本的部分，当城市雕塑作为城市文化生态空间的参与者进入城市公共空间时，原有雕塑的概念随着放置环境的变化而变化。

上海浦东城市雕塑《东方之光》（图4-4）与周边城市生态空间的处理是成功的。该雕塑与浦东世纪大道的整体环境和氛围相协调，充分体现了上海浦东作为中国大陆经济中心的区域特色，完美地表达了城市生态空间的功能。

德国哲学家谢林曾经说过，"也许个别的美也会感动人，但是真正的艺术品，个别的美是没有的，唯有整体才是美的"。当雕塑进入由城市建筑组成的城市文化生态空间时，往往作为一种文化符号，揭示区域或整体的城市空间的文化性。

2. 传达城市美学理念

毋庸置疑通过城市雕塑可以快速了解一个城市，了解其丰富的内涵和内在魅力，并感受到城市最具特色的时代特征和历史文化底蕴（图4-5）。

城市美学源于人们对自己生活空间的装饰需求。著名的英国建筑师和城市规划师F.吉伯德相信“功能和美丽是建设城市的两个主要问题，城市中的美不是事后考虑的事，它是一种需要”。凯文·林奇也提到：疏忽城市的整体艺术是一个危险的错误。

如著名建筑师安东尼奥·高迪设计的巴塞罗那古埃尔公园（图4-6、图4-7）。有人曾说：即便高迪一生只设计了“古埃尔公园”这一个作品，也足以让他名垂青史。因为时间已经证明——“古埃尔公园”是高迪创造的一个奇迹，一个不老的乌托邦。作为世界文化遗产，它用乡土材料，将建筑雕塑、休闲广场、道路走廊、公共设施与自然环境融为一体，呈现出一个美轮美奂的城市空间，同时也赋予了巴塞罗那独特的城市美感。

图4-4 上海浦东世纪大道《东方之光》

图4-5 宜昌大撤退纪念碑

图4-6 巴塞罗那古埃尔公园局部1 作者：安东尼奥·高迪

图4-7 巴塞罗那古埃尔公园局部2 作者：安东尼奥·高迪

事实证明，在城市文化的传播和展示效果中具有审美特征的文化载体远远优于没有审美功能的文化载体。从这个意义上说，我们必须考虑美学对城市文化载体的影响。城市雕塑是城市美学的主体，是城市美学的载体。

（二）公共雕塑与地域人民精神契合

1. 增强城市可意象性

凯文·林奇在《城市形象》中提出城市元素中最容易留下深刻印象的是城市道路、边界、区域、节点和标志物。在构成城市形象的各种元素中，城市雕塑占有一席之地，并且正日益成为不可或缺的组成部分。图像隐含在有形物体中，有可能为观察者提供强烈的图像。所以城市雕塑如同城市的名片，以自己的高度可意象性提升环境质量。

2. 彰显城市公共道理

城市雕塑的社会美感主要依赖于社会的道德内容。城市雕塑所表达的文化和道德内容，具有空间性、永久性的特征，以及耳濡目染和潜移默化的作用方式，体现出了城市雕塑的特点和优势。

城市雕塑反映了社会的道德、教育，并逐渐呈现出多元化的功能。因为城市雕塑被放置在城市的公共空间中，只要它是一个公共事物，它就是公共意志的表达，它在公共空间中的道德作用也不会消失。

城市雕塑的主要功能是提升城市意象，突出城市公共道德，营造城市文化形态，传达城市美学，成为城市空间最具人文特征的公共艺术形式。

图4-8 《深圳人的一天》

二、公共雕塑的形式特征

当代公共雕塑形式某种程度上体现了当今城市文化的走向，在纷繁芜杂的雕塑造型中提炼出雕塑的形式语言，并对其特征进行提炼，可以从另一个角度来揭示城市的文化状态，从而使城市设计更具有人文的深度，也使公共空间的艺术更具有人文的内涵。

（一）公众参与的互动性

城市雕塑最重要的特征是其宣传性和社会性。城市雕塑不仅应考虑城市美化的问题，而且更重要的是它还需要反映社会现实，以实现城市中人们的相互交流和沟通、人与物的对话，实现真正意义上的互动交流。如城市雕塑《深圳人的一天》（图4-8）。

（二）文化生态的融合性

如今城市在社会文化和物质形态方面经历了极为丰富和深刻的变化，当城市雕塑家想要将作品放在现代城市公共环境中时，他们必须考虑环境因素的变量。在多元化时代，不同文化碰撞或结合的时候，公众的日常生活需要公共艺术，需要它独特的艺术形式和审美形式，这就需要创造现代的城市雕塑，除了考虑美学和其他因素外，最重要的是要考虑城市雕塑与城市环境的生态关系，实现文化与生态的融合（图4-9）。

（三）公共空间的标志性

城市雕塑在主题、形式和意义上具有鲜明的区域特征。由于城市雕塑是城市中具有深刻含义的文化符号，因此必须与地域传统、历史和生活习惯相结合。这样可以增强对城市中的人文、传统、历史和其他遗产的记忆（图4-10）。

（四）消费时代的世俗性

当代雕塑自20世纪80年代起从对现代艺术的参照和挪用转向重视大众文化资源，特别是对中国当前现实的关注。在这个过程中，人们清醒地意识到西方现代主义雕塑活动是基于对自己的历史和现实的考察。在传统与现代、东方文化与西方文化的冲突与融合的背景下，由于当代雕塑必须要考虑到社会公众对艺术的需求心理，所以当代城市雕塑以大众文化为主要艺术资源，这不是偶然，而是一种必然。

随着经济的发展和改革的深入，当代艺术市场逐渐成熟，商业社会创造了人们强烈的物质欲望，创造了新的精神家园。人们更关心的是雕塑在表现什么。虽然群众的消费文化不能被视为精英主义，但大众消费文化足以说明公众对文化权利的民主诉求。无论艺术的消费方式如何，公众总能找到自己并找到所追求的价值。因此，从这个意义上来说，与文化贵族时代相比，雕塑艺术的公共消费过程就是“表达自我，展示民主”的过程。

图4-9　芜湖雕塑公园

图4-10　新加坡鱼尾狮

（五）传统文脉的符号化

象征性符号是当代城市雕塑中常用的雕塑语言形式。 城市雕塑作为城市文化语境中的文化符号，更加注重对民族传统文化的探索、传承和表达。

城市雕塑是城市空间的造型艺术。与此同时，作为文化符号，它的

图4-11　卡夫卡头像雕塑 作者：大卫·塞尔尼

思维方式始终存在。城市雕塑创作的过程是符号生成和应用的过程，是人类文明的缩影。它反映了材料的美感和工艺的美感，是文化符号的载体和媒介（图4-11）。

（六）材料技术的多元化

新材料和新工艺导致了建筑设计的革命，新材料也导致了雕塑概念的更新。从原始社会中使用石材工具到使用石材、木材、陶瓷、青铜、铁、钢、玻璃、石膏、纤维、光、气体等材料，材料的发展史也是一部雕塑发展的历史。雕塑的发展也为材料的发展提供了更多的可能性。

艺术观念和艺术手段的更新促进了艺术的创新和发展；艺术概念的变化促进了艺术手段的变化，导致了建筑观念的转变。从科学的意义上讲，材料工艺是创造的主体。材料和工艺的表现已基本成为当代雕塑的主流。也可以说，一些新的材料领域将被开放，如光、大气、水、电等，材料有其自身的美学价值，关键是要研究挖掘这些材料美学价值的技术手段。

课后练习

1. 掌握公共雕塑的作用和形式特征，依据实例分析撰写论文。

要求：论文示例明晰，论点充分。

2. 撰写公共雕塑艺术方案。

要求：①选择对象；②制作方案；③制作作品，并写出作品的整个制作过程。

第五章　装置艺术

装置艺术作为公共艺术中的一类，具有更多的可能性和包容性。本章从装置艺术的概念入手，对装置艺术的类型、作用和特性展开了叙述，同时讨论了装置艺术和公共空间之间的关系。

本章重点：公共装置的概况。

本章难点：公共装置的作用和形式特征。

建议课时：4课时。

第一节　公共空间中的装置艺术

装置艺术作为公共艺术中的一类，与公共空间有着紧密的联系，它充分反映了变化中的世界。装置艺术所存在的空间环境和社会处于永恒的运动中，因此它们本身的意义也在不断变化和延伸。

一、装置艺术

（一）概念

装置艺术（Installation Art）是一种兴起于20世纪初的西方当代艺术类型。装置最初用于工业设计，包含了装配和并置的含义。目前装置艺术是指艺术家在特定的时间、空间中，将人们日常生活中已消费或未消费过的物质文化实体，进行艺术性的有效挑选、利用、拼贴、改编，从而形成一个新的艺术形态，来展示丰富的精神文化意蕴。装置艺术更侧重于装配、构造、制定的过程，艺术家利用各种媒介与材料在特定的空间场所中创造出蕴含文化精神寓意的艺术作品。装置艺术是由“物”传“情”的艺术形式，将各种看似平淡无奇的现有物品有效选择、重组、解构，形成异化的物体和空间，表达艺术家的观念与情感，引发参观者的思考和感悟。装置艺术是非常开放与包容的艺术，它自由地结合绘画、雕塑、建筑、音乐、戏剧、电影、诗歌、摄影、录像等各种艺术类型，运用一切可以使用的创作手段。装置艺术是一门综合性的艺术学科，它是通过人们的感官、情感等一切感知手段来体验的艺术形式，因此它没有固定的创作模式与展示方法，也不限于用某种技法、材质来表现作品。

（二）装置艺术的特性

1. 环境性

环境对装置艺术特性的表达起着重要的作用，装置作品的一个重要表述内容就是其所在环境。环境

图5-1　*Penny-Half Sphere*装置1

图5-2　*Penny-Half Sphere*装置2

作为必要因素对装置艺术有重要的影响，因而装置艺术要创建一个能使人置身其中的室内或室外的三维环境。装置结合了物质实体的形态和结构以创造出一个新的生命体，从而给人心理暗示并和人进行互动，这是其他单体都无法实现的。图5-1、图5-2所示为设计师Giles Miller的装置作品*Penny-Half Sphere*。该设计师所在的事务所一直以杰出的平面艺术品著称，此次把作品延伸至三维空间，而该作品也成为该事务所首个户外的三维作品。该作品由数百个不锈钢硬币形状的零件，穿插在胡桃木框架内组成。光线通过装置反射而形成巨大的发光体，由此引发出数字化的效果。该公共艺术作品展出于英国Broomhill Sculpture公园，为 Art Hotel的周年庆参赛作品。

2. 整体性

装置艺术呈现的是一个事件从起源到发展再到完结的完整艺术活动过程，它强调的是小元素与大环境（时空）的协调。图5-3、图5-4所示的装置——《我的心跳与你同一节奏》，旨在向巴西的LGBT+社区致敬。装置圆筒内装有声音系统，可以播放LGBT+活跃分子讲述其经历的音频和讲述故事时他们心跳的声音。《我的心跳与你同一节奏》使用LGBT+旗帜上的颜色，从装置核心的圆筒延伸出来，沿着地面蜿蜒形成公共座椅。

3. 互动性

在装置艺术产生的过程中物与人、空间与人、人与人都存在着情感和肢体的交流，这充分调动了人与物之间的情感体验。图5-5、图5-6所示，这座名为*Locus Amoenus*的公共艺术装置很好地阐述了这种互动性。设计师旨在用该装置营造共享空间，让来访者与装置以及来访者与来访者之间产生有趣的互动。

4. 开放性

装置艺术的开放性反映在它多种多样的艺术形式中。图5-7、图5-8所示装置从透明材料中折射出的风景如融化在玻璃中的冰块，又像是在河底摇曳的水纹，具有神秘的魅力。设计师利用光的折射原理创作该装置。不同角度的平面连接在一起，形成了最后连续变化的效果，光线和颜色经过材料的反射随机变化，异常迷人。

图5-3 《我的心跳与你同一节奏》装置1

图5-4 《我的心跳与你同一节奏》装置2

图5-5 2018热那亚欧洲植被展装置艺术*Locus Amoenus* 1

图5-6 2018热那亚欧洲植被展装置艺术*Locus Amoenus* 2

图5-7 日本追踪光线装置艺术1

图5-8 日本追踪光线装置艺术2

5. 可变性

装置艺术的可变性体现在它的艺术构成和艺术表达会随着时间、参观者介入的反作用以及自然元素等因素的影响而产生变化和延展。图5-9、图5-10所示的装置为观众营造出一种多感官的迷幻氛围。

6. 隐喻性

装置艺术具有隐喻性。例如，设计师以儒勒·凡尔纳的科幻故事为灵感创造出装置*Boolean Operator*（图5-11、图5-12），在故事中，那些通往地球中心、海洋深处和月球表面的路线，只有通过人们的努力发现才能找到。这个装置可以勾起人们的探索欲。其双曲面结构不会产生规则的阴影，也不会给游览者提供过多的信息来感知它的尺度或深度，由此理解空间的唯一方法就成了通过它。蜿蜒的小径不仅仅是一种设计，更是由一道光线所产生的暗示，绘制在了这探索欲望的地图上。

图5-9　装置《蝴蝶》1

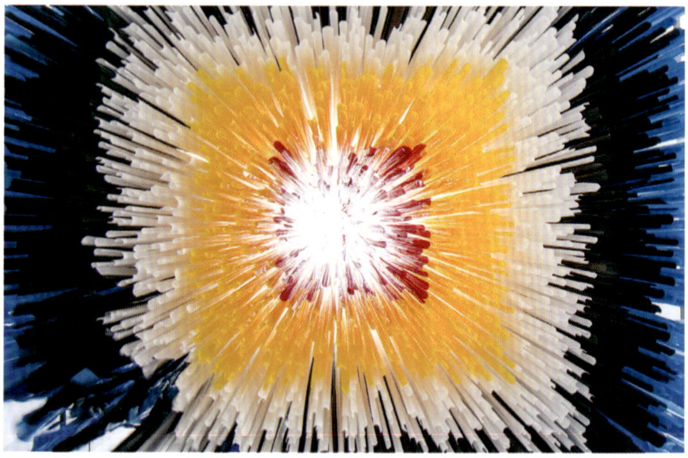

图5-10　装置《蝴蝶》2

图5-11　苏州*Boolean Operator*装置1

图5-12　苏州*Boolean Operator*装置2

7．再生性

装置艺术的“再生性”指的是20世纪90年代后的许多装置艺术的创造都源自艺术家对于“装置化”手段的再认识并加以利用，特别是在环境构成领域中的运用与结合，它赋予环境设计更多的新思想和内容。克罗地亚里耶卡*Level Up*公共平台装置（图5-13至图5-16）尝试建立一套设计语言，为正在经历文化再生的Export Drvo大楼赋予一个公共性的立面。这场文化再生运动以适应性再利用的方式回应了里耶卡对于工业遗产的忽视。作为曾经繁荣的港口和工业核心区，这座城市如今充满了废弃的工业建筑，而这也为城市的发展带来了潜力。

图5-13　克罗地亚*Level Up*公共平台装置1

图5-14　克罗地亚*Level Up*公共平台装置2

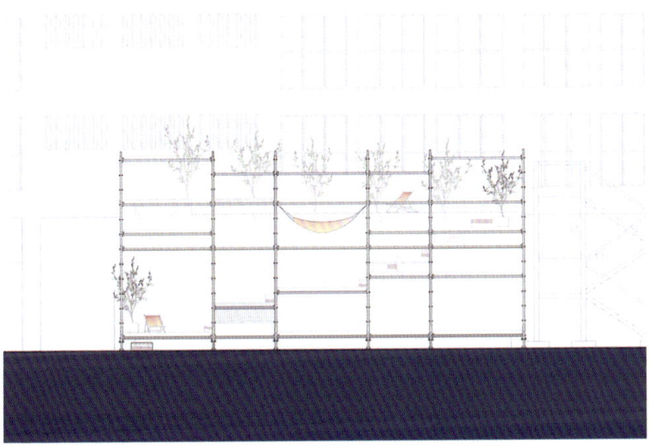

图5-15　克罗地亚*Level Up*公共平台装置3

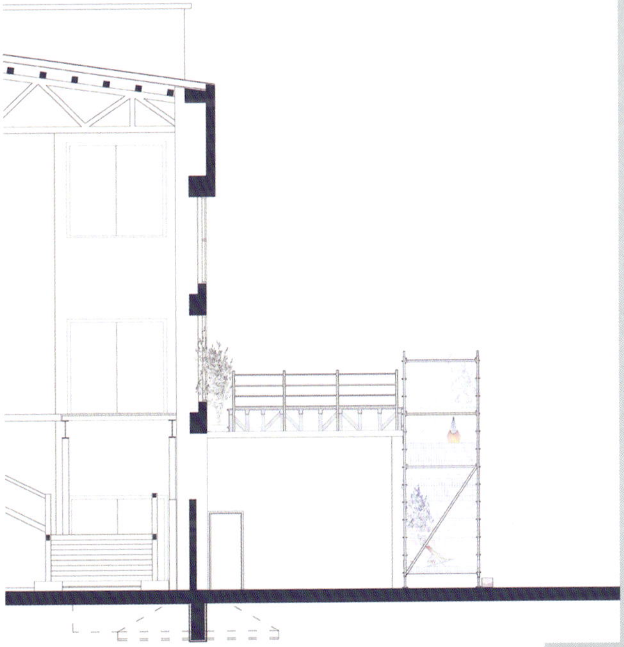

图5-16　克罗地亚*Level Up*公共平台装置4

（三）装置艺术的分类

1. 按媒介分类

（1）传统媒介式的装置艺术

传统装置艺术的媒介材料基本上是各种物质材料，利用材料特性再进行雕塑式造型，将造型置于环境中进行融合创作。图5-17、图5-18所示为传统媒介式装置艺术，它的材料大多是生活中常见的。

（2）新媒介式的装置艺术

装置艺术的观念表达和新媒体艺术中的先进技术进行融合产生的新媒体装置艺术，是装置艺术的衍生物之一。新媒体装置艺术具有多维的艺术表现力，结合了数字媒介与物理媒介，也有超文本与图像、视频、音频等媒介的综合利用，能够以更丰富的姿态介入其他设计领域中去共同创造。在新媒体装置艺术中，观众可以及时地与作品进行信息交流并获得相应的反馈，这是一种实时体验的过程，增加了整个装置作品的趣味。新媒体装置艺术（图5-19、图5-20）多种多样，并非每一种都适合运用到城市公共空间中。

2. 按时间性分类

（1）临时性的

直到今天，装置作品的大部分仍旧存在于临时状态的公共空间之中，尤其是被广泛运用在各类

图5-17　*UGUNS*装置1

图5-18　*UGUNS*装置2

图5-19　空间视听光影装置

图5-20　3D雕塑装置艺术

具有时效性的场所之中，比如展览会、音乐节、嘉年华和设计竞赛等。装置*Entrelesrangs*是第四届Luminotherapie 设计竞赛的获胜作品。该项目的设计灵感来自魁北克的麦田，当小麦在微风中摇曳时，风景尤其美丽。*Entrelesrangs*装置是由成千个灵活柔韧的茎管组成，管状结构顶部附有一个白色的反光膜，这些反光膜利用周围的景观刺激可以不断移动变换，充满活力与动感（图5-21、图5-22）。

（2）长期性的

装置作品随着技术的发展和人们的需求终究会长久存在。最值得注意的形式是具有明显功能的装置艺术构筑物，例如景观小品、公共设施或是一些巢穴、屋顶等。它们与传统景观构筑物的区别在于它们皆具有强烈的精神指向性和丰富的视觉效果。

UAP与艺术家Charles Pétillon合作，将万科集团在北京的一个多用途商业开发项目中的临时性的艺术实践转化成永久性艺术装置（图5-23、图5-24）。该装置直接参考了艺术家Pétillon的早期作品，由近百个手工打造的不同大小的铝球组成，悬挂在入口中庭，作品为空间提供了有力的艺术干预，将艺术和设计元素和谐地融入了中庭。

图5-21　加拿大*Entrelesrangs*装置1

图5-22　加拿大*Entrelesrangs*装置2

图5-23　漂浮的球状云装置1

图5-24　漂浮的球状云装置2

图5-25　*Jacob' s Ladder*艺术装置，优雅的艺术曲线

图5-26　艺术装置1

图5-27　艺术装置2

二、装置艺术与公共空间

装置艺术是艺术家根据特定展览地点的空间特征设计和创作的艺术整体，是一个能使观众置身其中的三维空间"环境"，装置艺术与公共空间是互相融合或互相冲突的关系。

（一）与城市公共空间环境融合

城市公共空间中的装置艺术是一种可变的艺术，其根源在于对形式、色彩及尺度的重构，通过对材料进行移动、布置、悬挂、拼贴等方式加减组合物件，确保以更简便快速的方式融入城市公共空间环境。

1. 形态的重构

装置艺术形态的重构可以通过扭曲、重叠、抽象和断裂等手法进行，公共场所的空间形态也随着事物形态的重构发生改变。*Jacob' s Ladder*装置（图5-25）高34米（112英尺），由46吨钢管横切拼接而成。480根钢管相互穿插叠加，上下层钢管长度和尺寸相对增加或减少，并最终形成优美的曲线形态，给人以难以置信的视觉假象。

2. 色彩的重构

装置艺术在城市公共空间中所表现出来的色彩冲击与装置艺术一样具有独立性。2014年夏季，东京Emmanuelle Moureaux工作室在新宿中央公园安装了一片全彩色艺术装置（图5-26、图5-27），该装置共使用到分别染了100种色彩的织物。这些手工染制织物随风飘荡，给人们带来了非凡的景象、飘逸的光影，以及远离现实的想象空间。

3. 尺度的重构

在设计艺术学领域，对尺度变化的把控是可预期和相对的，对装置艺术的形式尺度大小、偏移的重构必须与城市环境特质相适宜，也就是说，区域城市空间尺度构建需要充分考虑自然元素和肌理的影响。图5-28、图5-29所示装置是一个截面为矩形的大尺度的封闭家具装置。该家具装置尺度和水平形态的设计都是设计师有意为之。巨大长椅从地面冒出，单一线条围合成一个不规整的环形，营造了一种既具公共氛围又有亲密感的环境。

（二）与城市公共空间环境冲突

装置艺术是具有相对独立性的空间复合体。在中国，装置艺术曾被称为观念艺术，经常运用在当今城市的公共空间环境中，使其与空间环境中的建筑、植物等形成对比，成为被大众审视的对象。这种形成对比的表现方式在城市公共空间环境中主要有三个状态：

1. 环境再造

在现代的城市公共空间中，当将其他元素转移到这个城市公共空间中时，往往会放置代表特定区域和特定时间的设计元素，这种代表一种物象的设计元素就使人联想到它原本所处的环境，并且由大众审视，从而使得其本身的意义发生改变。图5-30所示装置的灵感来源于在山中栖息的野生动物，该装置以一种介于游戏和雕塑之间的形式与自然环境和谐相融。

2. 篡改再造

与环境再造相比，篡改再造重视的不再是装置艺术作品所处的环境，而是对艺术作品所表现的事物本身形象特征的变化。在艺术创作过程中，通过对形和材料进行变换和重组，形成新的物质外观，同时又保留原有的物质特征。*Y*装置（图5-31、图5-32）的设计结合了数字化装配与建造技术，发掘了木材在当代建造中的更多可能性。它实现了建筑师与木工，传统工艺与数字化设计的多样融合。

图5-28　法国花园家具装置1

图5-29　法国花园家具装置2

图5-30　环境装置

图5-31　Y装置1

图5-32　Y装置2

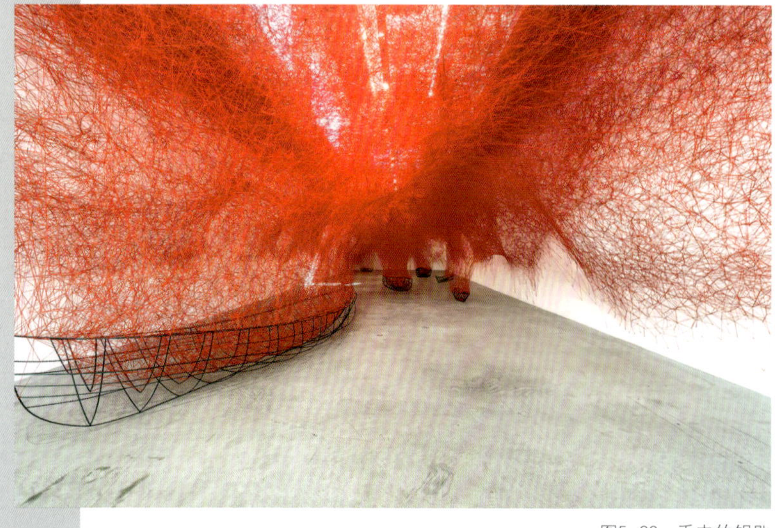

图5-33　手中的钥匙

3. 形式转化再造

装置艺术家的创新思维体现在对传统形式的转化再造，通常表现为对材料的创意利用，通过对比、模仿等方式转换再造艺术创作形式。艺术家Shiota通过编织血红色的纱线，创造出庞大复杂如同神经脉络般的网状装置（图5-33），引发人们思考存在的意义。她编织了精妙复杂的网状纱线，创造出来如同飞机飞翔在半空中的视觉效果。血红色的纱线纽带具有象征意义，艺术家以此暗示了人身体内部和大脑的复杂神经脉络。

第二节　公共装置艺术的作用和形式特征

美国艺术批评家安东尼·强森这样说道：“装置所创造的新奇的环境，也引发了观众的记忆，产生以记忆形式出现的经验，观众借助于自己的理解，又进一步强化这种经验。因此，装置艺术可以作为最顺手的媒介，用来表达社会的、政治的或者个人的内容。”由此可见，公共装置的作用和形式特征都与参与者和环境空间密不可分。

一、公共装置艺术的作用

（一）激发城市公共空间的活力

装置艺术主要是从两方面激发城市公共空间的活力：一是装置艺术依靠它自身的一些特性作为一个相对独立的个体融入公共空间中，成为空间景观构成的元素之一，并利用装置的个性去丰富和活跃空间氛围，从而增强空间活力。二是传统的城市公共空间设计侧重于功能和形式的融合与统一，但在一定程度上忽视了人与场所的情感交流，场地的活力自然会大大降低。《红折纸》（图5-34）装置艺术使得往日偏远的城市“后杂院”成为居民乐意前往的城市“前厅”。《红折纸》的融入，使得孩子们的上学之路也变得活泼有趣，周围的居民也有了一个亲切宜人的户外生活场所。

（二）增强景观互动与空间参与性

装置艺术的衍生物还有一大类就是互动装置艺术，其显著特点就是利用新媒介等新科技和高科技材料来促进互动。*Paint Drop*是一个创意性的公共互动装置（图5-35至图5-37），从视觉上连接了主广场和新开业的零售店，在引人注目的同时，更通过一系列色彩缤纷的、“飞溅”的油漆点来吸引周围的顾客。该装置是由8个反垂曲线形拱体组成的系统，这些拱形结构沿着设计好的路径相互连接，与地面连接的地方会形成一个巨大的滴溅色块，艺术家将座椅和休息区设置在这里，从而为装置赋予了功能性。地面上的沉浸式图案更进一步增强了游客的体验。

图5-34　红折纸

图5-35　上海*Paint Drop*互动装置1

图5-36　上海*Paint Drop*互动装置2

图5-37　上海*Paint Drop*互动装置3

（三）带来新的空间体验

装置艺术塑造的新奇空间，带来的互动体验和多种感官刺激，超越了人们对空间的传统认知，突破了原有空间景观设计的局限，为城市公共空间赋予了一些新颖而梦幻的元素。图5-38、图5-39是一个由艺术家Thilo Frank安装在丹麦亚勒鲁普的永久性艺术装置。光影在这里跳跃移动，人们通过在这里探索和认知变幻的三维形状和光影变迁，让这个雕塑作品也变成一个具有无穷奇趣的乐器。游客在这里得到动、行、光、声等多重体验。

（四）城市景观地域的多意性

装置艺术的多意性从多方面加强了城市景观对于地域性的塑造，并具有丰富的语义内涵，复合了两者间的潜在性质，丰富了传统景观表达地域性的多种手段。台湾筌屋将鱼筌的制作方法用于装置艺术的创作（图5-40、图5-41）中，以此来吸引人们的关注，驻足片刻，静静欣赏日月潭与邵族传统文化的美好。

图5-38　艺术装置——环形通道1

图5-39　艺术装置——环形通道2

图5-40　台湾筌屋1

图5-41　台湾筌屋2

（五）通过隐喻表达城市文化观念

城市形象的塑造与城市文化的渲染密不可分，展现城市文化内涵的景观空间是提升城市空间品质的手段之一。装置艺术作品可作为文化的物质载体呈现出一定的文化观念，这种文化观念的展示是通过一种隐喻的手法展现的，比起那些直白的作品更具有深度与内涵。图5-42、图5-43所示装置的拱结构由自身平面内的竖向荷载作用所形成，且拱券两侧均身处在同一基底上。这一受力形式恰好可以用来隐喻该装置的深刻含义：整个装置象征着南非的民主主义制度，而拱的基底则是南非宪法。

图5-42　约翰尼斯堡装置1

图5-43　约翰尼斯堡装置2

（六）体现人与场所的情感关系

装置艺术对于城市景观设计更鲜明的特征是体现人与场所的情感关系，人们走进设计师所创造的景观中，感受作品传达的情感意境，从而获得精神感悟。*blu Marble*（图5-44、图5-45）是一个巨大的LED装置，描绘了地球在太空中的实时景象。人们可以将自己置身于一个从未体验过的空间形式和尺度中，进而思考自己的存在。这个具有反思意义的项目为人们提供了一个新的视角，去思考自己在宇宙和空间中的存在形式，同时也有助于人类针对现状，做出一些积极的改变。

图5-44　*blu Marble*公共艺术装置1

图5-45　*blu Marble*公共艺术装置2

二、公共装置的形式特征

（一）抒发情感的独立存在形式

公共装置是与环境空间形态结合的艺术表现形式，它服务于诸如商业推广、政府行为或慈善活动，不论装置艺术作品是为了何种目的存在，其最终目的还是传导某种情绪、渲染主题氛围或是哲学隐喻等，从而提升空间场所质量与整体效果。图5-46至图5-49所示的葡萄牙*Storyline*展馆装置，该项目的灵感来源于雕塑家阿尔贝托·卡内罗（Alberto Carneiro）的格言“绘画即是身体的写作”。设计师以空间的写作作为设计内容，利用连续移动的线条来实现写作这一方式，构成了一种三维结构，将观者带入这个由图形和动态相结合的塑料空间中，并通过其中的150幅插图实现空间的统一。这些移动线条很细，并遵循严谨的几何展开，它们连接了作为主角的图片，构成互相联系的故事线。设计师以最简洁的方式打造了这个独特的空间，并邀请人们进入互动。整个设计为人们带来了重叠的感知体验和意想不到的关系感受。

图5-46 葡萄牙*Storyline*展馆装置1

图5-47 葡萄牙*Storyline*展馆装置2

图5-48 葡萄牙*Storyline*展馆装置3

图5-49 葡萄牙*Storyline*展馆装置4

（二）兼顾实用功能的独立存在形式

装置艺术通过特殊的材质语言、材料进行合理选择，运用多元技术手段的审美属性，协同装置艺术互动参与特性，使得装置艺术作品兼具实用功能，构筑形式与功能统一的综合体，比如在公共空间环境中出现的装置化公共设施等。装置《逃离》（图5-50、图5-51）三个模块化的设计可以被组合成各种不同的形态，在不同的地区都能激发民众不同的使用方式，增加项目的互动性和参与度。

图5-50 装置《逃离》1

图5-51 装置《逃离》2

图5-52 装置《无际》

（三）以空间界面为载体的非独立存在形式

艺术家们经常大胆地尝试将艺术手法运用于材料，以使其与空间场所环境融为一体，强调其与所处空间环境的联系，形成空间界面的重构。结合空间环境特征，运用设计加减法在自然生长的形态上表达设计理念。装置《无际》（图5-52），是由ETFE材料制作而成的幕障从传统建筑拱券向庭院地面延展，形成的一个新的三角形空间。空间随着阳光的透射和风的流动不断变化，成为人们日常休憩交流的公共场所。

课后练习

1. 请举例说明装置艺术家如何通过作品引导人们的感官世界。

要求：字数2000字以上。

2. 以“场地+材料+情感”为主题自由设计公共装置艺术作品方案一件。

要求：①装置艺术作品主题构思；②制作方案；③作品效果图。

第六章　公共艺术的发展趋势

公共艺术作为一种民众参与度较高的艺术形式，以丰富多样的形态介入城市的各个空间。公共艺术具有公共性，并能提升环境与民众的互动性，在保留简单的视觉层面的价值意义的前提下，它用艺术的手法提供了解决各种社会公共问题的途径，最终对某一特定环境产生独特的社会价值。也就是说，公共艺术计划的执行，将带来社会和城市的变革。公共艺术作为社会生产的一个过程，对城市的创新发展起到了积极的引领作用。

本章重点：新型互动公共艺术的产生和发展。

本章难点：废旧空间的公共艺术再造。

建议课时：4课时。

第一节　公共艺术的技术创新

当今高科技手段被普遍应用于公共艺术领域，如以“光、声、电”立体三维视听交互等多媒体手段，来表达主题内容。壁画可以通过二维、三维动画的手段，以动态的形式创造出生动逼真、梦幻奇特的视觉效果，提高壁画的艺术表现力。

通过艺术与科学的紧密结合，雕塑也从中获取许多全新的艺术灵感。雕塑家的多空间思想在某种意义上反映了科学的宇宙论和认识论。而雕塑家从注意力集中于雕塑转变为注重雕塑与社会、雕塑与人、雕塑与建筑、雕塑与环境的相互关系，结合多方面因素优化形态，从而提升整体环境空间效果。

台中世界花卉博览会发现馆的设计理念是“在台中看见半个地球”，以保留半个地球给其他生命的倡议作为主题，重新诠释大甲溪的生态景观。透过人文、工艺、装置艺术、壁画、雕塑与新媒体等不同媒材的创作方式，在有限的空间中，将台中大甲溪低至高海拔的宽阔地景转译成为一件件作品，述说栖息在这个生态环境的原生植物与动物的前世今生（图6-1、图6-2）。

目前VR技术还处于起步阶段，未来还有很大的发展空间。随着科技的发展，全息投影技术也开始广泛应用于各个领域。全息投影技术也称为全息投影或全息3D，该技术提升了物体在空间中的真实感，使观察者获得全新的立体视觉感受。

当代科学技术可用于实现各种类型的建筑物或物品，如特殊软件投影2D或3D图像的应用。扎哈事务所、三星集团和Universal Everything的数字设计艺术联合设计的《自由律动》（图6-3）公共艺术作品，将高科技通过该作品弯曲的屏幕上不断变换的投影展现出来。弯曲的屏幕在空间内通过浮动变幻的投影相互作用，让观者全身心地沉浸于独特的体验中。

在当代的交互式装置艺术中，艺术家们从肤浅的感官刺激上升到心理以及人个体的特殊感受，从更深层、更本质的层面去考虑分析创作的观念。艺术家们更多地从“人”的角度去分析思考，通过“交互”这一特征去创造作品，表达出艺术作品的特殊情感。*NEST*（巢）是由Tri-Lox设计和建造的互动式雕塑游乐场，其位于布鲁克林的儿童博物馆（BCM）的屋顶露台上。设计者受到黄胸织布鸟独特巢穴的启发，利用纽约水塔的建筑木材创造了一个编织状景观，*NEST*拥有可攀爬的外观面、圆形吊床区域以及为孩子们提供开放和创造性探索的通透内部空间（图6-4、图6-5）。

图6-1　台中世界花卉博览会发现馆1

图6-2　台中世界花卉博览会发现馆2

图6-3　《自由律动》

图6-4　美国交互式鸟巢游乐场1

图6-5　美国交互式鸟巢游乐场2

第二节　新型互动公共艺术的产生和发展

特殊种类的媒体在不同时代背景下有着不同的表现形式。在快速发展的全球化背景下，新媒体的涌现对艺术的发展有着极大的影响，而互动装置艺术已成为当代背景下艺术家热衷的表现形式，也促进了新型的互动公共艺术的发展与应用。

一、新型互动公共艺术的产生

公共艺术体现着当代文化思潮与观众之间的关系，表现了艺术家独特的创作理念，它打破了传统的创作形式，为艺术家的创作开辟了更广阔的天地。而互动装置的巧妙融入，不论是从美学层面，还是从科学技术知识方面，都将提高公共艺术的质量，并能吸引观众更积极地参与公共艺术的互动。英国设计师和建筑师Thomas Wing-Evans与 DXLab合作为澳大利亚新南威尔士州立图书馆创造了一个互动声学展亭（图6-6至图6-8），展亭将图书馆收藏的绘画转变成音乐。视线高度的开口允许路人向内窥视，访客向外张望，这是使空间展现欢迎姿态的关键。夜晚，根据音频变化的光线在建筑的金属表皮上跳动吸引访客，以一种全新的方式体验州立图书馆收藏的画作。

互动公共艺术作品分为图像交互、语音交互、网络交互、虚拟交互、触摸交互、设备交互、传感器交互、游戏交互等。互动公共艺术设置于公共空间，因而应“具备良好互动性”。以积极互动为特色的公共艺术，分主动互动和被动互动两种。

主动互动指的是与人交互并能够使观众参与并融入艺术创作的作品。就像《月亮花园》（图6-9）一样，艺术家试图在楼梯空间创造一个童话般的环境。花园中设置有休息的座椅，座椅旁布置有多个大小不同的月亮造型的灯具，灯具与真实月亮表面纹理有类似的视觉体验；走下楼梯的人可以看到当身体移动时，“月亮”的光影也随之变换，使得人们活动中的形象生动地倒映在月亮上。这样一来，就增加

图6-6　新南威尔士州立图书馆互动声学展亭1

图6-7　新南威尔士州立图书馆互动声学展亭2

图6-8　新南威尔士州立图书馆互动声学展亭3

图6-9 《月亮花园》

图6-10 *The Star* 1 作者：Ramus设计工作室

图6-11 *The Star* 2 作者：Ramus设计工作室

图6-12 《梦的钥匙》 作者：Yasuda

了空间的趣味性，上下楼也不单单是一个动作了，而是让观众也走进艺术作品里，并且成为艺术的一分子。

被动交互是指被动与人交互的艺术作品。Ramus设计工作室设计的公共艺术作品*The Star*（图6-10、图6-11）是世界上第一个永久的沉浸式作品，它通过水、光以及交互艺术画廊的结合，提高观者的体验感。参观者在欣赏、体验艺术品的同时，融入这个令人兴奋、惊喜的空间，得到更高层次的、美的享受。

二、新型公共互动艺术的形态

日本是一个善于吸收和输入他国文化的民族，随着经济文化的高度发展，日本在亚洲艺术发展中占据了极其重要的地位，日本人的文化鉴赏能力也随之上升到了一个更高的层次。无论是绘画，还是音乐、戏剧等方面，日本在吸收东西方艺术精髓的前提下，融入本国传统文化，创造出优秀的日本艺术文化。

公共艺术作品《梦的钥匙》（图6-12）位于札幌站，由Yasuda设计。白色大理石形成一个光滑的门形状，也象征着北海道的白雪。这件作品由曲线组成，时尚而生动，能舒缓乘客的紧张，给人一种内心的温暖。

而交互所存在的问题是由两方面原因产生的。一方面，艺术家和公众缺乏沟通，艺术家长期以来存在于象牙塔中，且这项工作具有较强的个人风格和创作意识，公共艺术家的高层次思想使艺术家与普罗大众思想分离。另一方面，公众的审美能力仍有待提高，需要加强公众对艺术的理解，建立大众审美标准。公众的态度可以在一定程度上反映公共艺术的成败，尽管这种判断并不代表艺术本身的艺术价值，但只有高于生活的艺术形式才能实现公共艺术的影响力和文化引领作用。公共艺术越来越多地出现在人们的视野内，融入人们的生活，得到了更多人的关注与喜爱（图6-13）。在上海最繁华的静安寺广场，举行了一系列主题为“引力场——建筑艺术与公共文化的多场耦合”的城市公共文化活动，兼具艺术性和实用性的建筑装置作品——《韧山水》（图6-14、图6-15）就是在这次活动中诞生的。静安寺广场相对于南京西路地面下沉了7米，建筑装置本身在这里被理解为一组开放的景观，建筑装置本身既是艺术品，也是承载其他活动的空间。

一个公共艺术品面对的对象是普罗大众，每一个公共艺术作品存在的意义就是改善空间环境及质量，增加人们的愉悦感和幸福感。《发光的梦想》（图6-16、图6-17）通过色彩、材质、体量以及灯光效果，结合灯泡造型，让该作品可以更易被亲近，增添作品的参与性。整个作品的内部空间和外部空间都能供人们活动交流，通过公共艺术传播快乐。公共艺术越来越多地融入各种不同的方式和想法，而光影的效果让作品更具深度，更具层次。图6-18所示作品利用纸质的可塑性，将作品的展开面打印在纸上，通过折叠使其形成一个三维的装置。折叠之后，通过灯光的介入，让作品成为一个有趣的照明装置，造型像云朵一般，变幻莫测。

图6-13　纽约*BIG · NYC*

图6-14 《韧山水》1

图6-15 《韧山水》2

图6-16 《发光的梦想》1 作者：巫国源

图6-17 《发光的梦想》2 作者：巫国源

图6-18 灯与纸的装置

三、加强公共艺术互动的思路和措施

如何使我们周围的公共艺术作品更具互动性？一方面，必须以客观审美对象的存在为前提；另一方面，审美主体也应具有相应的审美条件，艺术家应该更加透彻地了解公众普遍存在的精神需求。

（一）加强公共艺术互动的思路

针对这些问题，设计者应该努力不懈地确保工作的艺术性：

①多一些亲切感。使用熟悉的公共图像来拉近与公众之间的距离。

②多一些感性。公共艺术可以向人们传递积极的能量和温暖。

③多一些功能性。增加实用功能将增加公共艺术存在的意义，成为公共媒体系统的一部分是满足现代社会生活基本的环境需求。

④多一些娱乐性。吸引更多的大众拍照或玩耍，这种公共艺术往往是最重要的。

⑤多一些时代感。主题紧跟社会的核心价值观，体现经济发展和社会统一的主题。

⑥多一些科技感。技术是第一生产力，如视觉效果和全息投影。着眼当前和未来的焦点，利用人工智能，突破传统，形成公共艺术展示的新手段。

⑦多一些流动性。公共艺术（纪念公共艺术雕塑和具有特殊意义的特殊公共作品除外）可以在世界各地展出，形成不常见的移动展示。

⑧多一些地域文化性。区域文化是一个独特的文化标签，具有悠久的历史和丰富的文化氛围。公共艺术需要承担起文化重任，公共艺术作品可以通过各种方式呈现地域文化历史。

此外，有必要强调公共审美权利的积极提升。公共审美权利的积极提升有助于与公共艺术作品的良好沟通。UNIRE/UNITE夏日互动装置为市民提供了良好的放松身心的设施（图6-19、图6-20）。这个装置不同于传统的城市公共设施，它对当今公共健康危机问题予以积极响应，其优美的曲线为城市生活注入舞蹈元素。设计师将建筑和运动原理结合起来设计了该装置，能将人最真实的状态体现出来，促进人与人的联系。装置位于广场上，市民可以通过一条回收橡胶道接近这组按照人体工程学原理制造的座椅，这些座椅是由电脑数控舵板组成的，有的部分外面包裹着帆布。人的不同动作和来自瑜伽运动的灵感为整个装置的成形提供了参考元素。这样的装置有助于人们实现身体与心理的平衡。

图6-19　公共互动座椅装置1

图6-20　公共互动座椅装置2

图6-21　法国探讨自然与哲学的艺术装置*Truthehole*1

图6-22　法国探讨自然与哲学的艺术装置*Truthehole*2

（二）加强公共艺术互动的举措

在公共艺术创作中融入互动装置能够使公共艺术的表现形式从静态转变为动态，使其演示形式更具多样化。由于多种类的创作材料的出现，在公共艺术作品的创作中融入互动装置，能够产生出多种不同的效果，公共艺术的表现方式也更为丰富多样，使艺术家能更好地表达创作情感，实现作品的创作意义。*Truthehole*（图6-21、图6-22）融合了科学的兴趣和美学的吸引力。外界的投影上下和左右颠倒，因拦截的面板的方向而发生变形，由此还可以得到一些概念性和象征性的感悟：从光明和黑暗的倒置到柏拉图关于洞穴的寓言，即最初的世界是由阴影和不完全可靠的预测形成的。展馆的外表面是完全反射的。如果说内表面的形状像一个黑色的洞穴，外面的形状就像一个水晶碎片，因此，*Truthehole*消失在它所在空间的碎片图像中。从设计概念的角度看，内部的黑暗可以被视为是外壳完全反射的结果，通过小孔的每一束光，得到了原始图片。让人惊叹的是，如此小部分的光，却能承载如此大的外界空间的景象。

第三节　公共艺术改造废弃建筑空间的原则

近年来，改造再利用旧建筑引起了社会广泛的关注，人们越来越多地认识到旧工业厂房本身的价值。在西方发达国家，废旧建筑空间的改造与再利用设计已发展至相对成熟；国内对废弃建筑空间的利用也取得了越来越多的成果。

由于城市发展步伐的加快与经济发展结构的快速转型，那些曾代表着城市的文明和经济迅速发展的工业厂房逐渐退出城市规划发展的历史舞台，而旧工厂自身所蕴含的历史价值和经济价值并未随着城市化发展的进程而消逝，随着越来越多新兴企业的出现，旧建筑也需要与时俱进地顺应历史发展潮流，通过改造设计焕发出新的生机。如改造后的798工厂（图6-23），被认为是中国当代艺术最大的聚集地，对798的改造增加了人们对废弃建筑物的文化价值的理解。西方国家的废旧建筑空间的改造与再利用的设计理念以及技术相对成熟。如哈钦森集团对距巴黎南部两小时车程的507旧厂房的改造（图6-24），设计师对旧建筑进行了全面的整修设计，将原本的金属结构改造为更为简单低调的外观，让其能够更好地融入周遭环境，使旧厂房变成一个简单、快乐、温暖的公共空间。

对废弃建筑空间进行改造再利用设计，需要考虑到废弃空间所处的现实环境因素。例如，城中村作为中国人口飞速发展的产物，普遍存在于中国的各大城市中，而城中村的环境空间存在着相对拥挤且采光不足等问题，给人一种“脏乱差”等负面印象。建筑师们可尝试通过力所能及的手段，去解决城中村所面临的各种问题。建筑师提出了“绿云”（Green Cloud）的设想：采用一种容易复制的低技术建造手段，一方面改善城中村雨水管理能力，一方面为城中村的居民增添绿色与友善的共享活动场所，以改变城中村局促的生存状态。绿云设想是基于城中村仍存在大量尚未有效利用的屋面提出的，在具备改造可能的屋面上建造“城市山地”（Urban Mountain）（图6-25）。

（一）改造的合理性原则

改造的合理性是指废弃建筑空间在改造后具有可操作性和施工安全性。要求设计者在改造前充分了解和分析工厂现存的潜在问题，在进行改造设计的过程中遵循建筑空间合理使用和经济合理性等原则，挖掘可利用空间潜能，满足使用功能需求，以实现建筑空间利用最大化为最终目标。

（二）尊重原始建筑的历史环境原则

在改造项目的设计过程中应尊重原始建筑空间设计原则，强调设计者在废弃建筑空间改造过程中和改造后对原始建筑的主体结构、空间关系的合理把握。在原始建筑体积关系中，尊重对原始空间特征的保存，实现对整体空间结构体系和技术设施的合

图6-23　北京798艺术区

图6-24　507厂房改造成的哈钦森集团办公空间

图6-25　深圳城上绿云装置

图6-26　长春水文化生态园1

图6-27　长春水文化生态园2

理优化。如长春水文化生态园（图6-26、图6-27）是工业遗迹保护与改造的城市更新的设计运营项目。该生态园原为伪满时期建造的长春市第一净水厂，拥有80年长春市供水文化历史和30万方城市腹地稀缺生态绿地，是弥足珍贵的工业遗迹。该生态园是一个老少皆宜的聚集游玩地，各种各样的净水厂工业元素在这里都被丰富的色彩所覆盖，为大家提供了休闲娱乐的好去处。

（三）改造中的生态可持续发展原则

随着时代的发展，生态环境问题越来越受到社会的关注。在改造设计中应坚持可持续发展设计的原则，遵循自然界的规律，以友好的姿态去达到人与环境和谐共处的美好景象，实现可持续发展的生态系统的构建。Simon Van der Lane提出了自己的生态设计概念，即尽量减少对自然生态环境的破坏，尽可能地协调自然生态，尽可能恢复影响生态平衡的缺失部分。

由于废弃建筑被闲置已久，大部分生态环境遭到破坏和污染。因此废弃建筑空间的重建设计不仅是功能、空间、美学的设计，更多的是社会、人与自然之间的生态系统化设计。

（四）以人为本的改造原则

在对废弃建筑空间进行改造再利用设计中，需要以解决公众与社会的基本需求为前提。因而在改造设计中遵循以人为本的根本原则，将实现人与环境的和谐共处。

课后练习

1.阐述新型互动公共艺术的产生和发展。

要求：观点明确、论据充分。

2.运用新技术进行公共艺术创作。

要求：①选择对象；②制作方案；③制作作品，并撰写出作品制作的全过程。

第七章　公共艺术经典案例分析

公共领域具有开放、公开的性质，是公众认同且公众能够自由参与的公共性空间，而公共艺术正是在公共开放空间中进行相应的环境设计和艺术创作。人类生存的公共环境是以社会群体部落为形象的活动舞台，是一个与人种、文脉、地貌、生态有着亲密关系的生存环境。从艺术的角度来处理和思考人类与公共环境的关系，是人类优化自身环境、优化生存状态的一个重要内容。

将案例进行比较，对国内外公共艺术项目进行案例归纳、分析是重要的研究方法。通过这项工作，我们可以提升对公共艺术的理解和认识水平，意识到公共艺术的重要性，以此推进公共艺术的进一步发展，为中国公共艺术的实践提供有针对性、指导性的参考。

本章重点：本章的国内外的公共艺术案例被分成了九大板块：主题性公共艺术案例、三维公共艺术案例、城市公共艺术案例、景观型公共艺术案例、构成型公共艺术案例、实用型公共艺术案例、照明公共艺术案例、水上公共艺术案例、室内公共艺术案例。对国内外当代公共艺术典型案例进行研究分析，以及对广场、雕塑、公园、街道、地铁等进行形态归类、逐项展开分类论述。

本章难点：公共艺术既具有理论性的研究价值，又具有一种实践性的应用研究价值，涉及范围广泛。公共艺术作为一个文化概念最早形成于美国20世纪60年代，而我国公共艺术的概念引入于20世纪90年代，作为后来者，我们有必要对国外相关公共艺术案例现状进行分析和研究，并能认识我国公共艺术存在的问题，探讨出国外公共艺术可借鉴的内容。

建议课时：5课时。

第一节　主题性公共艺术案例

主题性公共艺术已成为现代城市空间、公共空间的代表性作品，与精神文明和物质文明建设密切相关。国内外以城市主题博物馆、主体景观、主题设施、主题雕塑为代表的公共艺术已经进入了新的发展时期，具有为大众服务的独特性功能。主题性的公共艺术设施逐渐从简单的功能空间设施转向精神空间设施，以人为中心，突出人的重要性，体现以人为本。

主题性公共艺术不是一般意义上的传统风格、艺术流派，也不是一种具体的艺术形式，它是存在于公共空间的艺术，在社会公众与当代文化的意义上发生关系的一种思想方式，是体现公共空间共享、民主、交流、开放的一种态度和精神层次上的艺术。

一、日本“经济崛起”主题公共艺术——太阳神塔

位于日本大阪的太阳神塔，建于1970年，象征20世纪日本经济的重新崛起，由日本著名画家、雕刻家冈本太郎设计建造，是当时大阪世博会的标志性公共艺术作品。太阳神塔不仅是世博会历史上的一个“图腾”，而且已经衍化为日本民族的一个神灵、一个时代的符号。

太阳神塔高约70米、底部直径约20米、两侧臂长约25米（图7-1），造型是一个冲天巨人，也像一座古老雕像。太阳神塔上有四大面具：塔顶是光芒四射的“黄金之面”，塔中央有“太阳之脸”和“暗黑之星”注视着节日广场，最底端“地底之星”则照耀着“逝去的世界”，四个面具寓意世界的过去、现在和未来。塔内的展示区分布在3个层面：地下展区、底层展区和空中展区。地下展区主要展示面具、宗教神灵雕塑、地方性生产工具、宗族性用具等；底层展区主要是图片展，主题为“为世界而贡献的平凡人士”；空中展区主要展示各种模型，反映未来的住宅和城市面貌（图7-2）。

冈本太郎在设计时借鉴了日本上古时代的陶器造型，在充满原始生命力的图腾中寻求到人类在生命艺术中凝聚的无穷力量，产生出强烈的原始生命力，由此象征着日本经济的重新崛起，同时也象征着日本由经济大国迈向政治大国。该公共艺术作品标志着日本艺术家开始思考在国际语境下的公共艺术发展路径，并逐步形成以艺术再造本土化街区形象的创作理念，日本公共艺术开始逐渐具备本土性和地域性。

图7-1　太阳神塔

图7-2　太阳神塔内部

二、鲁尔区“废墟再生”主题公共艺术——埃森煤矿厂房

德国埃森煤矿曾经是世界上最现代化和规模最大的煤矿，被誉为“鲁尔区最美丽矿区”。新能源的出现使得德国煤矿行业日薄西山，直到1986年，成立于19世纪中期的煤矿企业最终还是画上了句号。这座煤矿厂房被改为埃森煤矿博物馆，博物馆以废墟的再生和工业建筑为主题，并在2002年被评为世界文化遗产。带有肌肉感和工业线条美的井架是最具有地标性意义的城市建筑符号，它被称为“鲁尔区的埃菲尔铁塔”（图7-3至图7-5）。

煤矿博物馆共有A、B、C三大区域。A区由英国著名的建筑设计师诺曼·福斯特将原本丑陋笨拙的锅炉房改造成了具有设计风味的红点博物馆（Red Dot Design Museum）（图7-6）。

B区通过空中走廊将A区和C区连接起来，在这里俯瞰楼下你会看到粗大的管道（图7-7）犹如蜘蛛网般盘根交错。

C区就地取材将原来的炼焦厂改造成了游乐园（图7-8、图7-9）。儿童可以安全玩耍的泳池是由集装箱焊接的工业水池改造的；冬季才开放的溜冰场是将原冷凝水池设计改造而成的。

鲁尔区博物馆（Ruhr Museum）是一座展现德国煤矿业历史与转型的博物馆（图7-10至图7-13）。它是由矿区的洗煤塔改建而成的。这个博物馆只对厂房在空间上进行了选择性重构，保留了原本锈迹斑斑的混凝土墙、钢构件和机械。

图7-3 德国埃森煤矿厂远景

图7-4 德国埃森煤矿厂局部1

图7-5 德国埃森煤矿厂局部2

图7-6　锅炉房改造成的红点博物馆(Red Dot Design Museum)

图7-7　管道

图7-8　原炼焦厂改造成的游乐园1

图7-9　原炼焦厂改造成的游乐园2

图7-10　鲁尔区博物馆厂房1

图7-11　鲁尔区博物馆厂房2

图7-12　鲁尔区博物馆厂房3

图7-13　鲁尔区博物馆厂房4

三、南京大屠杀遇难同胞纪念馆雕塑群

位于南京市区的大屠杀遇难同胞纪念馆雕塑群总共分成四组：第一组，《家破人亡》；第二组，《逃难》系列群雕；第三组，《冤魂的呐喊》；第四组，《胜利之墙》系列。

一位受难的母亲抱着死去的孩子仰天大哭，这是纪念馆的一尊标志性雕塑——《家破人亡》（图7-14）。这尊雕塑高12.13米，以母亲抱着死去孩子的形象作为标志，来突出“家破人亡”的气氛与主题，直观反映了1937年12月13日侵华日军在南京所犯下的暴行之残忍。雕塑采用了写意手法，象征着祖国大好河山被日军侵占后千疮百孔、遍体鳞伤的面貌。虽然如此，这位母亲仍然像山一样屹立不倒，表达了中华民族不屈服的精神气概。

距离母子雕塑约50米处，便是逃难的人群雕塑，《逃难》系列群雕共由10座雕塑组合而成，这一尊尊雕塑、一个个形象，全都是历史真实原型的再现。雕塑尺度比真实人物略大，形象逼真，这种“克制而有张力”的雕塑表达，让人产生强烈的情感震撼（图7-15、图7-16）。

《冤魂的呐喊》之门（图7-17）是一尊被劈成两块不规则造型的雕塑，就像被军刀劈开的城门，仿佛逃难者在日军冰冷的屠刀下，逃离出去。在“门”的左边，塑造了一呐喊的冤魂，手指苍天发问；在右侧刻面上，用刺刀表现日军的恶魔势力，表现惨绝人寰的反人类暴行。整个雕塑在造型上给人不稳定感，观赏者产生了视觉与心理上的震撼与压迫感，它所表现的巨大张力隐喻着中华民族的反抗和正义的力量。

浮雕《胜利之墙》（图7-18）长140米，安装在和平公园内长达160米的胜利之墙上。浮雕右边是奔腾咆哮的黄河，左侧为滚滚长江波涛衬托下欢庆胜利的人群，整体造型为“V”字形，向两边延伸，在V字的中心处一个脚踏侵略者钢盔和屠刀的中国军人吹响了胜利的号角，象征着抗战的胜利。

图7-14 《家破人亡》

图7-15 《逃难》系列群雕1

图7-16 《逃难》系列群雕2

图7-17 《冤魂的呐喊》之门

图7-18 《胜利之墙》

第二节　三维公共艺术案例

三维公共艺术是具有一定象征和寓意的纪念物或观赏物，具有纪念性意义或美化城市的作用。这种艺术设计的应用范围相当广泛，具有真实感，让人们参与其中，与其互动，让生活与艺术相融合。

一、莫斯科幻彩水晶立方体装置艺术设计

莫斯科公园的上空高高地耸立着一个立方体水晶装置艺术，三维视觉效果十分突出，让人有身临其境的效果，该装置艺术作品是通过灯光的变化展现出昼夜不同的视觉效果（图7-19、图7-20）。该作品是由冰岛的艺术家Marcos Zotes和他的设计工作室UNSTABLE共同设计的。

该作品主体结构是脚手架建造的立方体（图7-21），高9米、宽9米。立方体的外部，类似网格状的图案逐渐将这个立方体转变成一系列可以连续在颜色和形态上变化的艺术品，半透明的一层结构覆盖在整件作品的外表面，形成一个可以供投影的动态数字元素的表面。在夜间，装置作品上丰富的几何形状使其绽放异彩、充满活力。

二、德国博物馆*In Orbit*公共艺术作品

*In Orbit*是一个巨大的三维立体公共艺术作品，由阿根廷艺术家Tomás Saraceno设计并创建，并在德国一个名为杜塞尔多夫K21 Staendehaus博物馆里建立（图7-22）。他将直径为8.5米的PVC球分隔成三个网状平面，创造出神奇的悬浮空间（图7-23）。

游客可以自由地在这个网格艺术品中行走（图7-24），震惊的透视视觉效果犹如科幻电影中的特效场景一样，让人有身临其境之感，Saraceno设计师希望借此传达出“艺术与科学相融合”的设计理念。

图7-19　水晶立方体装置艺术不同的灯光变化1

图7-20　水晶立方体装置艺术不同的灯光变化2

图7-21　立方体内部脚手架结构

图7-22　装置艺术*In Orbit* 作者：Tomás Saraceno

图7-23　被PVC球分隔成三个网状的平面

图7-24　游客在网格上行走

此外，根据动作的调整，这个神奇的悬浮式空间具备了互动的功能，完全颠覆传统的空间感。当人们同时进入网状空间，便会觉察到整个空间的变化（图7-25、图7-26）。

图7-25　空间的互动1

图7-26　空间的互动2

第三节　城市公共艺术案例

20世纪80年代，城市公共艺术蓬勃发展与改革开放逐步深入，使得城市公共艺术作品开始大量涌现。城市公共艺术是一种精神投射下的社会行为，不是简单的物理空间形态建设，而是一个顾及人文精神的公共艺术空间设计，一个现代化的城市，应该创造人性化、多样化的公共空间，使空间被人们所享受和使用。因此城市公共空间必须体现人文关怀，城市设计应以“人”为中心。

一、旧金山市*Seeing Spheres*公共艺术装置

Seeing Spheres（图7-27、图7-28）公共艺术装置位于美国旧金山大通中心（Chase Center）。*Seeing Spheres*是一个将人群包含在其中的公共空间，注重艺术与人的互动，是借助艺术来“训练我们感知世界以及阐释世界的能力”。

*Seeing Spheres*由5个液压成形的抛光钢制球体组成，高15.5英尺（约39.4厘米），围绕着一个中央空间形成一个大圆。每个球体都嵌入一个扁平的圆形镜面，并以LED灯环作为边框，将周围其他球体中的镜像反射出来，从而共同形成了一种出人意料的多层次的反射空间。相同的人和场景通过各种意想不到的角度一次又一次地出现，隧道状的画面在经过无数次重复之后最终消失在镜子的深处。

图7-27　*Seeing Spheres*公共艺术装置1

图7-28　*Seeing Spheres*公共艺术装置2

作品创造出微妙、有趣且带有混乱感的场景，以刺激观者对于身体与感官的认知。*Seeing Spheres*使人们从外部看到存在于由镜面构成的虚拟空间层内的、作为共享世界的参与者的自己。这项艺术作品能够提升观者对自身和周围环境的感知力。

二、《旅人》系列雕塑

《旅人》是一个雕塑系列，描绘了介于现实和非现实之间的世界，由法国艺术家Bruno Catalano创作。这些铜像穿着相近却各不一样，都用手提着公文包。将其取名“旅人”，更像是在对现代城市工作中的工人不完整的灵魂和空洞的生活的一种反馈。

这些旅人雕塑躯干几乎消失，只剩下残破的身躯，仍然拎着手提箱行走，无所畏惧地保持着前进的姿势（图7-29至图7-31）。《旅人》系列雕塑恍若在科幻电影中看到的凭空出现的穿越者，给人们带来了强烈的视觉震撼。

图7-29　手提公文包的旅人雕塑1

图7-30　手提公文包的旅人雕塑2

图7-31　手提公文包的旅人雕塑3

三、首尔城市游击计划

1980年，韩国法律规定，所有新建的摩天大楼必须在上面附一件公共艺术作品。当韩国将这条法律政治性地实施起来时，“首尔艺术和文化基金会”（Seoul Foundation for Arts and Culture）用“城市游击计划”将许多动人而奇异的作品藏在邮箱和墙壁后，藏在迂回曲折的传统小巷内（图7-32至图7-35），这个“城市游击计划”无疑能使当地居民驻足反思艺术的真正目的。

图7-32　首尔城市游击计划1

图7-33　首尔城市游击计划2

图7-34　首尔城市游击计划3

图7-35　首尔城市游击计划4

第四节　景观型公共艺术案例

现代景观规划设计包括大众行为心理、环境生态绿化、视觉景观形象三方面内容。这三个方面是密不可分、相辅相成的。

公共艺术的表现形式与思想在景观设计中被运用的频率越来越高，使得景观设计的手段和思想更加丰富。艺术是无界的，怎样将公共艺术与景观设计二者更好地结合，达到“物我合一”、“心师造化”的境界，是每位艺术家和设计师追求的目标。

一、日本奈良室生村的室生艺术森林

图7-36　日本奈良室生村的室生艺术森林

由于地质灾害等原因，日本奈良室生村衍生出一个“艺术世外桃源计划”（图7-36至图7-39），旨在设计建造出一个21世纪的世外桃源艺术森林。该项目位于室生寺附近，由以色列环境艺术家丹尼·卡拉万（Dani Karavan）设计。室生艺术森林是“艺术世外桃源计划”的核心，它建在室生寺庙后面的山上，除了重建水稻梯田以提供一种环绕式的日本风光的体验外，参观者还可以沉浸在艺术与

图7-37　日式风光设计与自然相融1

图7-38　日式风光设计与自然相融2

自然相融合的环境中。森林中矗立着很多丹尼·卡拉万设计的雕塑作品（图7-40、图7-41）。室生艺术森林既是一个完整的项目，也是一件景观雕塑作品，更是对古迹保护的一种回应。室生艺术森林是丹尼·卡拉万的一件重要作品，在持续建造的8年中，其“目的在于揭示人与自然之间的关系，力求与它的精神一致”。

图7-39　日式风光设计与自然相融3

图7-40　室生艺术森林雕塑1

图7-41　室生艺术森林雕塑2

图7-42 《蝴蝶的经历》1

图7-43 《蝴蝶的经历》2

二、《蝴蝶的经历》公园景观设计

该公共艺术作品位于巴西，它的创意点在于三只大型的蝴蝶，作品名称就以“蝴蝶的经历”命名。《蝴蝶的经历》公共艺术作品充满了童趣，呈现出一个诗意的花园，三只蝴蝶分别代表的是男人、女人和孩子，展现的是普蓝眼灰蝶的艺术形态。在园区中心设计建造出普蓝眼灰蝶的景观座椅，游客会惊讶于那些五颜六色的蝴蝶，并与作品产生交流（图7-42至图7-45）。

当游客与作品互动交流时，就能感受到，随着风的吹动蝴蝶的翅膀在微风中微微颤抖。花园中的植被代表德克萨斯的草原，植被有吸引蝴蝶的能力，参观者可以进入植物区去感受一只蝴蝶的魅力。

图7-44 《蝴蝶的经历》3

图7-45 《蝴蝶的经历》4

第五节　构成型公共艺术案例

构成是以力学为依据，以视觉为基础，用一定的材料，按照一定的构成原则，将造型要素组合成和谐的形体的方法。它们的特点是，注重功能、精神内涵、技术、人文的表达，以抽象和理性构成为主，建立在理性和感性之上。因此，人们给了它们一个摩登的称谓——“构成型公共艺术”。

一、六安市《山》构成型公共艺术

作品《山》（图7-46）位于六安市裕安区茶谷景区入口处，为茶谷景区的标志性公共艺术雕塑。该公共艺术作品造型流畅，由线条式钢板连续重合构成。

作品建造时采用现场组装吊装方式，由耐候钢板锻制焊接而成。作品高20米，长约35米，以宋元山水为蓝本，用数字化技术进行二维到三维的转换，从线到体，层层叠加的耐候钢板，塑造出宋元山水画的韵味和意境。人在雕塑中穿行时，不断变化的造型、波动的线条与光影纵横交错（图7-47），给人“可行、可望、可游、可居”的丰富体验。雕塑创建了一个时间与空间的交叉点，在这个交叉点上是文人精神的寄托——人在山水之间感受天地万物与内心合为一体。

图7-46　公共艺术作品《山》

图7-47　波动的线条的结构

二、中国香港居民区楼梯景观

图7-48所示是由Edge Design Institute设计的中国香港居民楼楼梯景观。将香港居民楼间的楼梯，改造为一个社会性的、醒目的公共艺术空间，因为是在阶梯上建立的公共艺术空间，所以造型采用的是构成型结构。

该项目巧妙地利用网状雕塑及多种植物，营造出安全温馨的气氛（图7-49、图7-50）。该设计旨在充分利用没有使用的公共空间，在服务社会的同时，也能满足当地社区的需要。

三、加拿大“松树圣所”

公共艺术作品松树圣所（图7-51）位于加拿大安大略省米西索加Riverwood保护区，该作品在保护区内作为一个视觉图标十分显眼，抓人眼球，让人不由得想再看一眼。根据观看者视角的不同，它有可能是花瓣或者一张撑开的网。

“弯曲动态”是指一种从板块元素的弹性变形中得到的形变过程。在这个项目中，2毫米厚的铝条的弯曲性能使其可以被弯曲成某个曲率且具有结构性。松树圣所高耸而拔尖的轮廓与Riverwood保护区的松树林融为一体，相得益彰。

该作品是人工创造下的异形自然，整体的几何造型是由液滴态的“巨型墙面板”累加而成，面板之间形成了口袋一样的空间，模糊了内外的界限，同时增加了阴影覆盖的面积。整个树结构没有树桩支撑，内部完全开放，形成了一个荫蔽的空间。围绕着结构，每个立面都不相同。每向前转一度都有新的发现（图7-52、图7-53）。外部这些颜色是从自然界中提取的，但被提高了亮度，成为流行文化中的人工制品。

图7-48　中国香港居民楼楼梯景观1

图7-49　中国香港居民楼楼梯景观2

图7-50　中国香港居民楼楼梯景观3

图7-51　松树圣所公共艺术

图7-52 松树圣所结构1

图7-53 松树圣所结构2

第六节 实用型公共艺术案例

公共艺术不仅要求能更多地推动社区的融合，促进人与人的交流，让城市变得更美，让城市空间具有审美价值的实用性，而且要具有现实使用价值，这是公共艺术的初衷。

将人类生活的空间和基本的生存设施进行改造设计，变成可以使用的公共艺术，可以调动人们的购买欲和欣赏艺术作品的积极性，例如座椅本身是常见的基础设施，但被组织成若干大小不一，或前或后的环状之后，座椅便具有了特别的视觉感召力。更重要的一点是，这样的环状布局很有实用价值，并非为刺激人的感官而随意设置的。

一、慕尼黑市《无论如何，我将与你同在》雕塑

位于慕尼黑市中心的Wittelsbacherplatz广场上的公共艺术作品《无论如何，我将与你同在》是由艺术家Heather Morison和Ivan Morison创作的，它将广场中心的马克西米利安一世（1573—1651）骑马雕像包围在其中（图7-54）。

该公共艺术空间有四个入口指引着人们进入和探索。尽管它在广场、公园和花园中扮演着传统而重

要的角色，但在当代城市设计中却并不常见。它将一个人们不常停留的场所变成了一个活跃的公共空间（图7-55），并将其一直向公众开放。同时这项公共艺术作品寓意着对穷困者、病痛者以及流浪者的关心与支持，旨在帮助他们克服生活的种种难关。与此同时，它也时刻提醒我们，一个公正平等的社会必须为所有人创造生存的基础。该公共艺术作品的内部空间设有休憩平台，市民可以通过作品体验公共艺术的实用性。

图7-54　骑马雕像包围在其中

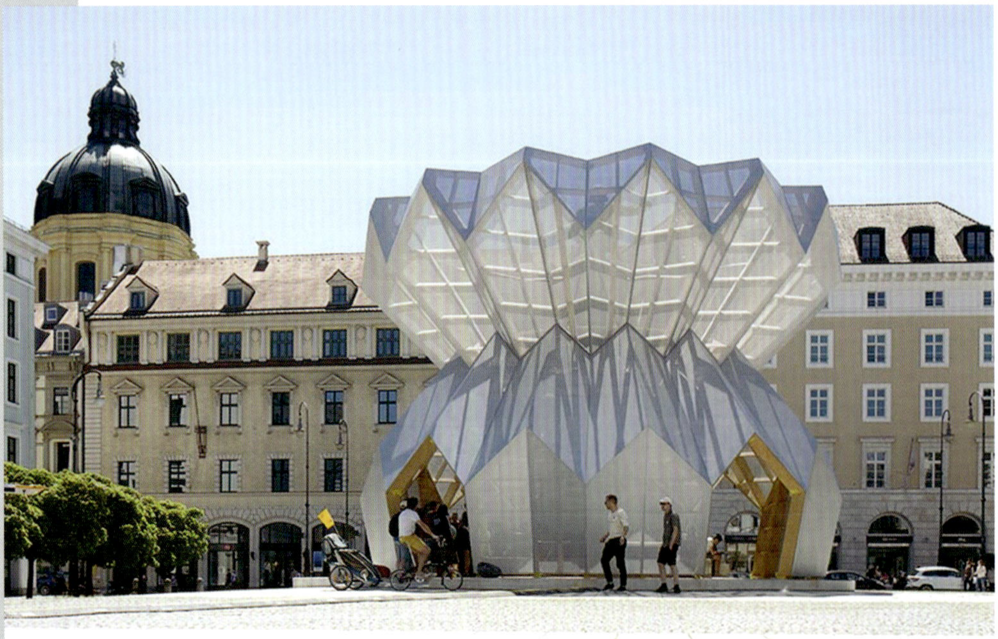

图7-55　活跃的公共空间

该作品由Studio Morison和Artura Design and Engineering合作完成，折纸般的造型由数控层压板打造而成，框架外部则包覆着银色的超级织网，并由黄色的钢制骨架（图7-56）进行支撑。

二、雅各布·贾维茨广场

景观建筑师马莎·施瓦茨设计建造的雅各布·贾维茨广场，位于曼哈顿下城区的行政文化区中心。设计师在广场中设计了前后相倚的双股鲜绿色座椅（图7-57），给来此用餐小憩的人们提供座位（图7-58），而这些看似简单的座椅的布局，却成了雅各布·贾维茨广场最具个性之处。

图7-56 钢制骨架

图7-57 雅各布·贾维茨广场双股鲜绿色座椅

图7-58 雅各布·贾维茨广场供小憩的座椅

第七节　照明公共艺术案例

城市内的照明已经步入照明公共艺术化的时代。这种变化和发展在城市公共空间内产生了巨大的影响，它不仅重新塑造了人的行为和空间形态，也间接地影响了空间的场所性和公共性。针对这一新现象的跨学科研究，将涉及城市照明、公共空间、公共艺术三个领域。根据当代的发展趋势，公共艺术正在全面向光电信息时代迈进。从社会、艺术、技术三个层面来看，照明已经被“公共艺术化”，灯光的照明对于城市公共空间的诸多因素都产生了重大的影响。 在照明公共艺术化的影响下，城市内的公共空间拥有了平行于日间模式的第二张“面孔”，崭新的夜晚拥有自己独有的模式，是城市公共空间在时空维度上的延伸。

一、澳大利亚《光之原野》

2016年在乌鲁鲁创造的这片《光之原野》由艺术家Bruce Munro设计完成，5万多个覆盖着磨砂玻璃球体的发光管子组成了占地面积相当于四个英超足球场大小的灯光艺术作品（图7-59至图7-60）。同时，它也是艺术家第一个完全使用太阳能产生光源的艺术装置。

这些玻璃球体由一系列错综复杂的光纤网络连接（图7-61），当夜幕降临之时，如花朵般绽放，美轮美奂（图7-62）。

当漆黑的夜幕降临时，在白天吸饱了能量后，这些如丝线般的太阳能灯泡在夜晚绽放出点点灯光。恰到好处的暗淡灯光并不会抢夺星星和月亮的光彩。而夜空中的星星与五彩缤纷的灯光相互呼应（图7-63、图7-64），闪耀在被称为澳大利亚心脏的原野上。

图7-59　发光管子组成的《光之原野》1

图7-60　发光管子组成的《光之原野》2

图7-61　《光之原野》错综复杂的光纤网络

图7-62　如花般的《光之原野》

图7-63　与星星相互呼应的灯光1

图7-64 与星星相互呼应的灯光2

图7-65 巨型渔网装置艺术

图7-66 灯光下的巨型渔网装置艺术

二、巨型渔网装置艺术——《1.26》

巨型渔网装置艺术由美国艺术家珍妮特·艾克曼（Janet Echelman）设计创造。白天，它们的外形和高层楼宇施工用的建筑围网并无两样（图7-65），当夜幕降临时，在灯光的探照下，巨网从平面摇身一变，成为立体雕塑（图7-66）。

该作品的灵感来自2010年智利爆发的8.8级地震。艾克曼根据地震和海啸波纹形成的幅度绘制出三维立体图案（图7-67），后来她将金属骨架替换成一种柔软的专利纤维超高分子量聚乙烯（UHMWPE）和聚四氟乙烯（PTFE），最终制成了这件灯光艺术作品（图7-68）。

2010年7月，丹佛艺术博物馆（Denver Art Museum）首次展出《1.26》，整个装置长130英尺，宽140英尺，高135英尺，悬于七层楼高的空中（图7-69）。艺术家把它称为“风的舞蹈”。如今，艾克曼的巨网装置艺术作品短期或永久地漂浮在全球的多个城市上空。

图7-67　根据地震和海啸波纹绘制的三维立体图案

图7-68　巨型渔网装置艺术——《1.26》

图7-69　悬于高空的巨型渔网装置艺术——《1.26》

第八节　水上公共艺术案例

水上公共艺术是装饰滨水景观的重要组成部分，它既能促进人与景的互动，表现艺术的精神价值，又能提高城市空间形象，表现艺术的社会价值。对于水景本身而言，水景就是一种自然形态的公共艺术。公共艺术与水景形态相结合，能给周边空间环境带来更多生趣，又能充分体现出水的亲和性。

水上艺术作品能对周边的滨水景观环境带来积极的影响。特别是在当代，城市生活节奏加快，水上公共艺术的活跃性与趣味性能给生活带来轻松感，所以水上公共艺术更应该体现出艺术价值与精神价值。

一、海上丝绸之路艺术公园·亚洲园

公园的主题雕塑——《海之梦》（图7-70、图7-71）通体为不锈钢结构，被设计成帆影造型，《海之梦》洁白的帆影寓意着泉州人民乃至中国人民放眼世界、友好交流和文明互鉴的愿望，传达出当地强烈的文化感染力。

位于《海之梦》大型帆影雕塑右侧的是一组长达百米、人物造型近百的群雕《丝路盛景》（图7-72）。群雕选取典型的“海丝”元素和泉州符号，逐一展现人类对海洋的向往、昔日泉州“海丝”繁盛的景象以及宋元时期泉州作为世界第一大港的辉煌。

图7-70　帆影造型主题雕塑——《海之梦》1

图7-71　帆影造型主题雕塑——《海之梦》2

图7-72　《丝路盛景》雕塑

二、西湖音乐喷泉

杭州西湖音乐喷泉长约126米，弧形部分宽约2米，地处湖滨三公园附近的湖面上（图7-73），紧邻繁华的商圈（图7-74）。音乐喷泉不仅在白天向人们展露出迷人的风姿，夜晚其气势更是令人惊叹，是夜游西湖必看的景观。

整个音乐喷泉主要包括七大喷嘴类型：跑泉喷头、气动水膜喷头、二维喷头、高喷喷头、气爆喷头、次高喷喷头、彩虹喷头。喷泉灯光采用水下LED灯，可变换出各种不同的颜色（图7-75）。

精心打造的喷泉喷嘴，可以旋转360度。无数水柱在夜色中配合着音乐的节奏和灯光有韵律地舞动，美轮美奂，时而婉约动人（图7-76），时而豪迈大气，吸引了众多游客。

图7-73　湖滨三公园湖面上的音乐喷泉

图7-74　紧邻繁华商圈的音乐喷泉

图7-75　不同颜色的音乐喷泉

图7-76　婉约动人的音乐喷泉

随着五颜六色的彩光照明，喷泉可以产生千变万化的造型，反映音乐的主题及音乐的内涵。一座优秀的音乐喷泉，其水形的变化形式应该能够充分地体现乐曲的旋律（图7-77至图7-79）。

此外，西湖上有很多游船，也可以从船上观赏美景。游船在喷泉表演时行驶到喷泉附近，让人身临其境。

图7-77　豪迈大气的西湖音乐喷泉1

图7-78　豪迈大气的西湖音乐喷泉2

图7-79　豪迈大气的西湖音乐喷泉3

第九节　室内公共艺术案例

大型建筑室内空间的公共艺术，在功能、形式和主题上都有一种公众性的发展趋势。建筑是人类赖以生存的基础空间，大型公共建筑不仅是生存的空间，更是体现人类社会性的空间，室内公共艺术则是人类社会性的体现。

建筑主体结构与公共艺术作品关系密切，有一种相互作用的关系存在。建筑使用群体的身心健康受到越来越多的关注，作品的创作设计越来越多地依赖数字化设计手段，同时，更多地借助了其他学科的工艺与材料，由此产生了积极的社会效应，创造出具有奇伟壮观视觉效果的作品（图7-80、图7-81）。

室内公共艺术不仅给人们提供赏心悦目的视觉体验，更重要的是提高了人们的生活品位，改善了人们的生活方式，提升了人们艺术审美能力，构筑了和谐幸福的社会大环境。因此室内公共艺术必须符合大众的审美观，展现出它的装饰艺术效果，让人有耳目一新的感觉，使生活与美学达到完美的统一。

一、埃德蒙顿机场立体植物造型

在埃德蒙顿机场大厅内部，由绿色植物编织而成的植物墙体，让自然界中栖息于平地上的植物可以垂直地栽种在建筑墙面。这种植物成为建筑装饰和建筑设计上的一种新型有机生态材料，使得建筑空间更加接近自然。

人们可以根据不同的环境要求，设计出环境和谐、高低错落、造型各异的墙体造型，经过精心设计及培植，在装饰墙顶挂上适合植物生长的灯具，使植物墙更加美观（图7-82）。植物种植采用丛植、散植等自然形式的种植模式，形成障透有序、高低错落和疏密有度的立体群落层次结构（图7-83），促进植物多样性的提高和健全植物墙生态系统自维护机制。从科学的意义上讲，具有立体植物造型的公共艺术为机场公共空间增添了活力与生机（图7-84）。

图7-80　*Field Lines*　作者：Rob Ley Studio

图7-81　《超新星》　作者：Volkan Alkanoglu

图7-82　挂上灯具的植物墙

图7-83　高低错落和疏密有度的立体群落层次结构

图7-84　埃德蒙顿机场室内的立体植物造型

图7-85　悉尼火车站公共雕塑*Interloop* 1

二、悉尼火车站公共雕塑——*Interloop*

*Interloop*是艺术家Chris Fox在悉尼著名的地下火车站Wynard创造的一座离奇古怪的公共雕塑（图7-85、图7-86）。随着火车站的现代化改装，金属扶梯取代了原有的木头扶梯，Chris Fox这次的公共雕塑作品*Interloop*像是对这种取代的回应。Chris Fox受到当地规划者的委托进行创作，如今这个车站已经成为澳大利亚的文化遗产。Chris Fox的公共艺术创作是对自动扶梯的纪念，慢慢地变成了悉尼这座城市的标志。

城市化发展与公共艺术的发展密切相关，公共艺术的发展对公共艺术的讨论与研究有着直接的影响，使得公共艺术在社会发展中呈现飞速发展的趋势。而城市化的发展为当代公共艺术的发展提供了前所未有的契机。实际上公共艺术的发展与创新与一个国家的社会、经济、历史、文化等因素息息相关。现在国外在相关公共艺术上形成了独有的艺术特色，而中国拥有博大精深的传统文化，悠久的历史，特别是科技的崛起，一定能创造出世界一流的公共艺术作品。

图7-86　悉尼火车站公共雕塑*Interloop* 2

课后练习

1.查阅公共艺术还有哪些类别和经典案例。

要求：写评论，观点鲜明，条理清晰。

参考文献

［1］何崴．照明公共艺术化趋势影响下的城市公共空间研究[D]．北京：中央美术学院，2013.

［2］刘益明，蒋勇．公共艺术在滨水景观中的运用及发展研究——以大黄鸭为例[J]．美与时代（上），2016（1）：83-85.

［3］周秀梅．城市文化视角下的公共艺术整体性设计研究[D]．武汉：武汉大学，2013.

［4］邱晶．浅谈厦门公共艺术的发展——厦门东部海滨项目实调及反思[D]．厦门：厦门大学，2008.

［5］吴士新．中国当代公共艺术研究[D]．北京：中国艺术研究院，2005.

［6］邱景亮．公共艺术的特点与包容性[J]．雕塑，2004（1）：28-31.

［7］庞海芍．公共艺术教育的功能及其实现途径[J]．中国高教研究，2006（8）：87-89.

［8］董娅南．公共艺术介入地铁空间的设计分析[J]．美与时代：城市版，2019（4）：57-58.

［9］赫维希·特克，马丁·法尔伯，弗吉尼亚·雷，等．再导向：城市更新中的社会参与型公共艺术[J]．公共艺术，2018（3）：18-41.

［10］王中．公共艺术概论[M]．2版．北京：北京大学出版社，2014.

［11］罗伯特·休斯．新艺术的震撼[M]．刘萍君，汪晴，张禾，译．上海：上海人民美术出版社，1989.

［12］阿恩海姆．艺术与视知觉[M]．滕守尧，译．成都：四川人民出版社，2019.